Berndt Ender
Der Jörg-Haider-Faktor

Berndt Ender

Der Jörg-Haider-Faktor

Und das Ende der Blauen

WIEN • MUENCHEN • ZUERICH
K&S

Der Dank des Autors gilt allen, die ihm für dieses Buch ihr politisches Herz ausgeschüttet haben. Dank an den Verleger und die Lektorin für ihre Funksprüche zur rechten Zeit und Dank an meine Tochter Melanie, die meine Stimmungsschwankungen während des Schreibens ertragen musste.

ISBN 3-218-00724-0

Lektorat: Barbara Köszegi
Typografische Gestaltung, Satz: typic®/wolf, Wien
Schutzumschlag: Media & Grafik, Wien
Unter Verwendung eines Fotos von H. David Seawell/CORBIS
Druck und Bindung: GGP Media GmbH, Pößneck

Inhaltsverzeichnis

Warum dieses Buch

Mein Verleger rief mich an: „Lieber Freund, wo stehst du? Der Leser muss es wissen." Meine Rolle in diesem Buchprojekt? Natürlich stehe ich auf Seiten der Leser. Wo sonst. Politisch? Am besten, ich stelle dies von Anfang an klar: Ich habe die FPÖ nie gewählt. Warum dann dieses Buch über das „Ende der Blauen"?

Wenn ich mich noch genau erinnere, dann war es im Sommer 2003. Ich saß mit Ewald Stadler und seiner Familie auf der Terrasse seines Hauses in Ezdorf, einem kleinen Ort in Niederösterreich. Ewald Stadler, diesen Namen muss man nicht weiter erklären. Aus dem Fernsehen kennt man ihn als Volksanwalt und in der Politik blieb er als ziemlich unangenehmer Mitspieler in Erinnerung. Seine Wortmeldungen fanden viele nicht wirklich erfreulich.

Beiläufig kamen wir auf die Situation der Freiheitlichen Partei zu sprechen. Zu diesem Zeitpunkt hatte Stadler schon das Stigma des „Knittelfelders", des „Rebellen" und so fort. Bei diesem Thema stieg fast hörbar eine Wut in ihm hoch. „Ich habe keine Lust mehr, für Jörg Haider den Watschenmann zu spielen." Was ist los?, fragte ich. Die Partei sei im Eimer. In der Folge skizzierte Stadler, der wirkliche Insider der jüngeren Parteigeschichte der Blauen, was er von seiner politischen Heimat hält. Ich hatte den Eindruck, mir sitze ein völlig ernüchterter, ja desillusionierter Politiker gegenüber. So keimte die Idee zu diesem Buch. Fast eineinhalb Millionen Landsleute wählten 1999 die Blauen und nur zwei Jahre später will es keiner gewesen sein. Was war da los? War es ein merkwürdiges und unerklärliches Fieber, das die Österreicher an den Wahlurnen dazu trieb, Jörg Haider zu wählen? Und warum wandten sich fast über Nacht fast alle wieder von seinen Blauen ab? „Das ist eine einfache Geschichte", meint Ewald Stadler, „es ist die Geschichte der Beliebigkeit dieser Partei, die Geschichte der Pseudo-Opposition, die Sehnsucht nach Harmonie, der Wunsch, zum Establishment zu gehören." Diese Widersprüche werden in dem Buch dokumentiert.

Als Journalist musste ich mich mit der FPÖ beschäftigen, seit Norbert Steger mit den Blauen in der Regierung mit den Sozialdemokraten saß. Wir haben nächtelang – „außer Dienst" – miteinander geredet. Das war in den achtziger Jahren, im Wiener Innenstadt-Lokal „Milieu". Die Stimmung war gut, die Mädels hinter der Bar locker, man könnte sagen, keine schlechte Zeit für „Liberale". Als bekennender Sozialdemokrat war ich einfach nur neugierig auf jene blauen Politiker, mit denen „die Genossen" in der Regierung waren. Politisch ging alles korrekt zu, die Drinks waren ok, und irgendwann kam man sich außerhalb der beruflichen Termine menschlich doch näher. Für mich kann ich sagen, dass ich damals mit Norbert Steger und seinen Mitarbeitern gut konnte. Ich bin als Sozialdemokrat in der Bruno-Kreisky-Philosophie aufgewachsen – „schwächt das bürgerliche Lager" – und aus dieser Haltung heraus konnte ich der Teilnahme der Blauen an der Regierung einiges abgewinnen. Heute denke ich, man hat auch das Recht auf Irrtümer ...

Aufgefallen ist mir damals vor allem die irrationale Sehnsucht der Freiheitlichen, „dabei sein" zu dürfen. Das zieht sich eigentlich wie ein roter Faden durch die blaue Geschichte der vergangenen zwanzig Jahre.

In der „Kleinen Koalition" ging vieles schief, aber, das muss man korrekterweise auch hinzufügen, die Folgen der Pannen waren nicht so enervierend wie später, als die Blauen mit den Schwarzen regierten. Mich haben später stets zwei Fragen beschäftigt: Warum stehen die Österreicher so auf die Blauen? Warum löste Jörg Haider bei seinen Landsleuten und bei meinen Kollegen geradezu Ekstasen aus?

Ich erinnere mich, vor dem Innsbrucker Parteitag 1986 habe ich Norbert Steger und seine Leute interviewt, und ich gewann den Eindruck, dass er niemals gegen die nationalen Reflexe in seiner Partei gewinnen könne. Nach einem TV-Interview, das ich mit ihm führte, stand Norbert Steger auf und stapfte wie ein Western-Held durch die Drehtür des Lokals, die Bemerkung hinter sich lassend, „‚liberal' oder mein politisches Ende". Sein Ende kam dann in Innsbruck, am 12. September 1986. Dieser

Parteitag war eigentlich eher eine Sportveranstaltung und solche sollten später, als Jörg Haider die blaue Liga übernommen hatte, noch viele folgen. Damals entstand das Muster: die vitale Provinz gegen die verweichlichten Hauptstadt-Wiener. Gegen den politischen Bodybuilder Jörg Haider hatte der ehemalige Sängerknabe Norbert Steger sichtbar wenig Chancen. Schon vom Aussehen her vermittelte der damalige Parteiobmann Steger den Eindruck, „He, iss was Gscheits". Einmal war ich bei Steger zu Hause. Er kramte aus seinen Schallplatten eine Single heraus und legte sie auf. Zu hören war die Stimme von Norbert Steger als Wiener Sängerknabe. Er sang als Solist ein „Agnus Dei". Ich scherzte damals und sagte, „lieber Norbert, jetzt kenne ich dein Problem, nach deinem Stimmbruch lief alles schief. Sängerknabe und Politik, das kann niemals gut gehen."

Dieses Buch erhebt keinen Anspruch auf die politische Wahrheit. Bücher über Jörg Haider gibt es einige, Versuche, die FPÖ geschichtlich „korrekt" einzustufen, jede Menge. Ich will nur einen Befund publizieren, zu dem ich stehen kann. In den einschlägigen Abteilungen der österreichischen Universitäten sitzen genug Fachleute der Zeitgeschichte und der politisch korrekten Interpretation. Sie erzählen auch immer – je nach Standort – die gleiche Geschichte, von 1945 bis heute, von den Nazis, von den Unabhängigen, von den Braunen und so fort. Meine Teilnahme an diesen Geschichten war stets zwiespältig. Wenn man die Wahl hat, aus meiner beruflichen Erfahrung, zwischen Verlogenheit, Scheinheiligkeit und Wahnsinn – und all diese emotionalen Figuren wohnen in der Politik Tür an Tür – wählen zu müssen, dann wird es ziemlich eng.

Es stimmt schon, die Trefferquote der dümmsten historischen Sprüche war bei den Blauen in den vergangenen, sagen wir, zwanzig Jahren ziemlich hoch. Vieles, was aus der „blauen Ecke" kam, war mehr als nur unerfreulich. Aber ich musste mir auch in den Reihen des Establishments genug Unappetitliches anhören. Mein Gott, Anständige und Unanständige, wo gibt es die nicht? Keine Namen, keine politischen Farben an dieser Stelle.

Beruflich verlor ich das Thema „Blaue" zwischendurch aus den Augen. In den neunziger Jahren musste ich mich beruflich beim Fernsehen wieder mit Innenpolitik beschäftigen, zwangsläufig auch mit den Blauen. Da konnte man dem Thema gar nicht aus dem Weg gehen. Etwa Mitte der neunziger Jahre brachte mich eine Begegnung mit Ewald Stadler im Parlament wieder in die inneren Kreise der FPÖ. Stadler war damals Jörg Haiders Stellvertreter im Nationalratsklub der Freiheitlichen. Ich besuchte ihn oft. Das lag eigentlich daran, dass er aus dem selben Ort in Vorarlberg stammt wie ich. Ich gewann einige interessante Einblicke in die parlamentarische Arbeit der Blauen und notgedrungen lernte ich auch das Vokabular der allgemeinen politischen Heuchelei kennen. In diesem Buch wird davon die Rede sein. Komisch waren die Reflexe anderer, etwa: Warum kennst du den oder den bei den Freiheitlichen, und warum spricht du mit denen? Nie habe ich als politischer Journalist kindischere Gespräche erlebt. Man wurde in der SPÖ geradezu geächtet, wenn man mit Freiheitlichen vom Schlage eines Ewald Stadler überhaupt nur redete.

Jörg Haider habe ich privat bei einem Frühstück kennen gelernt. Sein Wiener Büro war damals über der „Reiss-Bar", in einer Seitengasse der Kärntner Straße. Berufliche Treffen, so nennt man solche Begegnungen, Jörg Haider, an seiner Seite die Sekretäre und auf dem Tisch Gesundes – Jogurt, Müsli. Das Motto: fit und wachsam.

Meine Aufzeichnungen reichen in die 90er Jahre zurück. Einige Szenen sind mir noch lebhaft in Erinnerung. Etwa jene in einem Wiener Privatklub. Jörg Haider war Gast und im Verlauf des Abends distanzierte er sich ohne Anlauf von allen Spielarten der in seiner Partei grassierenden „Deutschtümelei". Schwups, weg war sie. Noch Jahre danach kommentiert der National-Liberale Gerulf Stix den „Fahnenwechsel" seines damaligen Parteiobmannes mit spürbarem Unbehagen: „Das hätte er dem nationalen Lager so nicht antun dürfen."

In den meisten Gesprächen zu diesem Buch gewann ich den Eindruck, als ob der Umgang mit Jörg Haider für viele eine persönliche Leidens- und Kränkungsgeschichte war. Deutlich spürbar war diese emotionale Stimmung bei Peter Westenthaler und vor allem beim „Fundamentalisten" Ewald Stadler. Andere wieder haben ihre Enttäuschung über die Politik der Beliebigkeit buchstäblich in sich hineingefressen. Vor allem bei Peter Böhm war das fast greifbar zu spüren. Der Klubobmann der Blauen im Bundesrat lässt seiner Verbitterung in den Analysen der Partei-

Interna freien Lauf. Manchmal überkam mich das Gefühl, dass ich bei den Recherchen der „Therapeut der Enttäuschten" war.

Das Establishment hat nach 1945 zum Thema Drittes Reich „diszipliniert" den Mund gehalten. Die meisten verzichtbaren Wortmeldungen kamen aus dem Lager der Freiheitlichen, angefangen insbesondere von Jörg Haider bis zu Reinhart Gaugg, dem NAZI-Buchstabierer, und zum niederösterreichischen Ernst Windholz und seiner Wiederholung von „Meine Ehre heißt Treue".

Aber ehrlich gesagt, bei allem, was ich beruflich so zu hören bekam, hatte ich schon gelegentlich den Eindruck, das ganze Land sei eine „blaue Veranstaltung". Auf der Klaviatur, mit den Partituren der landläufigen Ressentiments, der Vergangenheit im Bauch und nicht im Kopf, da spielten in der Innenpolitik nicht nur blaue Pianisten.

Nun kommt mein Verleger und mahnt meinen politischen Standort ein. Wo denn ich in der ganzen Geschichte stünde? Deutlich gesagt: nur bei den Fakten. Es war natürlich sein Anruf, der mich zu dieser Darstellung verleitet hat. Alles, was in diesem Buch steht, ist passiert. Viele werden sich wiedererkennen. Was ich auch hoffe. Wenn ich die Medien-Protokolle durchlese, dann frage ich mich schon, waren die „Blauwähler" Verrückte oder politisch Abartige, damals, im Jahr 1999, als die FPÖ alle politischen Charts stürmten? Und dann 2002, sind die Hunderttausenden Landsleute wieder zur Vernunft gekommen oder sind die Österreicher wieder „politisch normal" geworden? Was ich in diesem Buch nicht mache: Ich bewerte keine ideologischen Positionen. Jeder Leser schafft das allein. Ich sammelte Stoff, hörte zu und gebe die Gespräche im Wortlaut wieder. Meine Aufgabe war es, die Aussagen und Dokumente so zu verknüpfen, dass ein Muster des politischen Handelns erkennbar wird. Ich saß den blauen Akteuren in unterschiedlichen Gemütslagen gegenüber. Ich respektiere sie alle für ihr Vertrauen und natürlich, wovon ich ausgehe, für ihre Aufrichtigkeit in der Sache.

Die Akteure in dieser Buch-Dokumentation nehmen innerhalb des blauen Lagers pragmatische und radikale Positionen ein. Was sie verbindet: Sie verteidigen ihr politisches Handeln – im Nachhinein – zugunsten ihrer Ideen mit historischer Gelassenheit: Norbert Steger, der ehemalige Obmann. Der Mann, der immer schon dabei war, Harald Ofner, oder Gerulf Stix, der Veteran der Blauen, John Gudenus, Herbert Scheibner, der Überlebenskünstler; der Mann hinter den blauen Kulissen, Peter Böhm, ein Dulder wie die vielen anderen, die in diesem Buch auftreten werden, Funktionäre, Abgeordnete; und dann Peter Westenthaler und Ewald Stadler, unterschiedlicher könnten die Meinungen zur Geschichte der Blauen gar nicht sein.

Fast hätte ich den Hauptdarsteller vergessen: Jörg Haider. Ich wollte nicht mit ihm beginnen. Gleich am Anfang warnte mich ein Freiheitlicher: „Rede mit dem Jörg erst, wenn du mit allen anderen schon gesprochen hast, sonst stülpt er dir seine Philosophie über alle Recherchen, sonst bleibt kein Spielraum für die anderen." Damit lag er richtig. So kommt es, dass der „Blaue aller Blauen" in diesem Buch real gar nicht auftreten muss, weil seine Gefährten das politische Charakterbild von Jörg Haider entworfen haben. Ja, und die letzten, das sind immer die Chauffeure, sie wissen am meisten, sie waren am längsten dabei und einer sagte: „Jörg Haiders Schottenröckchen hat mich ziemlich irritiert." Das ist natürlich keine Analyse, aber der Spruch, 2004, im Kärntner Wahlkampf, bringt die Figur ziemlich auf den Punkt. Bleibt noch die Frage: Was wäre in der Zweiten Republik eigentlich schlimmer gewesen – als die Blauen?

Kärnten—Wien retour

Der Jörg-Haider-Faktor

Sonntag, 7. März 2004. Das Wahlresultat in Kärnten bestätigt den Jörg-Haider-Faktor. Das Ergebnis in Salzburg dokumentiert das Aus für die Bundes-Blauen. Der Kärntner Landeshauptmann gewann als Oppositioneller – auf Kosten seiner Parteifreunde in der Bundesregierung.

Man wollte sein Doppelspiel nicht durchschauen. Ein Irrtum, anzunehmen, Jörg Haider habe den Stein der Blauen wieder auf den Berg gerollt. Jörg Sisyphus zog nur seine eigene Show ab. Und Kärnten scheint halt ein rätselhaftes Land zu sein und die Uhren gingen dort schon immer anders.

Der diensthabende Parteiobmann Herbert Haupt erschien am Montag Abend im Spiegelsaal der Kärntner Landesregierung. „Der Herbert" sah schon glücklicher aus. Er muss aber im Herbst 2004 nicht um seinen Parteijob bangen. Jörg Haider wird sich hüten, an die Parteispitze zurückzukehren. Denn dort oben gibt es für ihn nichts zu gewinnen, solange die Blauen in der Regierung sitzen. Was sagte Jörg Haider bei der „Hofübergabe" am 1. Mai 2000: „Susanne, geh du voran ..."

Schon am Abend des 7. März 2004 wusste man in den Bundesgremien der Blauen in Wien: Kärnten wird keine „Trendumkehr". Sonst wäre Karl Schnell, der Salzburger Landesobmann, an jenem Abend nach der Wahl wohl etwas fröhlicher gewesen. Seine Blauen rasselten in den Keller, ausgerechnet in einer Hochburg der Nationalen.

Es waren vertraute Sätze, die Jörg Haider am Wahlabend von sich gab. „Nein, ich werde mich nach diesem Sieg nicht verflüchtigen, ich bleibe den Kärntnern treu." Dieser Trost bleibt Jörg Haider: Er wird zwar nicht Bundeskanzler, aber er bleibt Landeshauptmann von Kärnten. Es wäre wohl auch sicherer so.

Dem Beobachter im Kärntner Wahlkampf begegnete viel Vertrautes. Der Polit-Schamane Jörg widmete sich gekonnt den

Befindlichkeiten seiner Landesleute. Seine Agitation glich einem flächendeckenden Preisausschreiben. Gratisflüge, Gratis-Skiurlaub und wer den Namen Jörg Haider buchstabieren konnte, gewann einen Fiat Panda.

Die FPÖ im Kärntner Wahlkampf – sie war weit und breit nicht in Sicht. Die Farbe des Sieges war Gelb und Kärnten war ein einziger „Wahnsinn". Jede halbe Stunde trat Jörg Haider an einem anderen Schauplatz auf. Er hat seine manische Phase aus Sicht der Werbe-Strategen wohl optimal genutzt.

„An Besseren kriag ma nimmer." Dieser Slogan war an Kärntens Straßen so häufig wie Vorrang-Tafeln. Seine Wahlkampf-Karosse, ein Mercedes, war eine rollende Garderobe. Er konnte wählen zwischen dezentem Business-Anzug, Manchester-Veston, Schottenrock und derber Kärntner Jacke. Wieder einmal konnten sich die Medien dem Reiz dieses Variétés nicht entziehen. Ja, da gab es noch die Rache an den Regierungs-Blauen in Wien. Jörg Haider demonstrierte seine „Pensions-Reform". Im Landhaus drückte er den ohnehin gefoppten Pensionisten Geld in die Hand. Das tat weh in Wien und war trotz der populistischen Schräglage eine wirksame Aktion. Wolfgang Schüssel wurde dadurch zur „Reparatur" gezwungen. Natürlich hat Jörg Haider bei der fürstgerechten Verteilung seiner Almosen aus Landesmitteln nicht dazu gesagt, wer aller an dieser enervierenden Pensionsreform beteiligt war. Jedenfalls, Jörg Haider hat sie nicht verhindert. Ein Telefonanruf bei Herbert Haupt oder bei seiner Schwester Ursula Haubner hätte ja genügt.

Das Geld im Wahlkampf. Noch nie wurde Narzissmus so gut finanziert. Jörg Haider ließ die Partei einen beachtlichen Kredit aufnehmen und als Sicherstellung die öffentliche Parteiförderung an die Landes-Hypobank verpfänden. In diesem Kärntner Event-Massaker wurde gnädig darüber hinweggesehen, dass die Parteiförderung aus den Steuern der Bürger bezahlt wird. Was wäre das für ein gefundenes Fressen gewesen für Jörg Haider, früher, aber das ist wirklich schon lange her.

Das politische Repertoire im Wahlkampf – es ist eine Liste der Beliebigkeit. „Der kleine Mann" stand auf dem Programm, die „unverrückbare Karawanken-Grenze", die zweisprachigen Ortstafeln in den Kärntner Gemeinden, Jörg Haider duschte sich im Wahlkampf mit den „Grenzland-Gefühlen". Die Kollegen aus dem Ausland – Jörg Haider scheint fast allen Redaktionen eine Reise wert zu sein – amüsierten sich über den exzentrischen Landesfürsten und versuchten als professionelle journalistische Ethnologen Österreichs rätselhaftestes Bundesland zu begreifen. Jörg Haider wusste auch, wie man diese „Zielgruppe“ bedient. Es war bei einer Podiums-Diskussion in der Klagenfurter Universität. Da fragten wir: Wohin geht Haiders erste Reise nach der Wahl? Wien? Haider: „Ich reise in den arabischen Raum.“ Für Wolfgang Schüssel war das wohl eine gute Nachricht.

Gleich nach dem Wahltag beeilte sich Jörg Haiders Schwester Ursula Haubner zu versichern, dass es für ihn immer einen Platz in der FPÖ gebe – aber wo? Am Tag vor den Landtagswahlen flog ein Regierungs-Blauer aus seiner angestammten Position im Wiener Parteivorstand. Der arme Herbert Scheibner, was blieb ihm anderes übrig, beschwor nach seinem Rauswurf aus diesem Parteigremium sofort die „Trendwende“. Jene, die den amtierenden blauen Klubobmann kennen, haben sich nie zurückgehalten zu sagen, der Herbert habe sich stets nach den Windfahnen gerichtet, aber diesmal dürfte er die falschen Fähnchen gesehen haben.

Jene Blauen, die noch in der Bundesregierung sitzen, müssen sich warm anziehen. Jörg Haider wird sie wieder – aus seiner Pole-Position – mit allerlei Querelen belästigen. Sein Motto: dabei sein und dagegen sein. Der blaue Veteran wird sich wieder einreden, dass seine Art Politik zu machen die einzig wahre sei. Was aber hat – zur Erinnerung – Jörg Haider im Kärntner Wahlkampf gemacht? Er hat seine eigene Regierungsmannschaft in Wien verraten. Die stimmte geschlossen für die Steuer- und Pensionsreform, mit Jörg Haiders Segen. Doch im Wahlkampf wollte dieser dafür nicht gerade stehen. Sein Motto: „Ich war gar nicht dabei.“ Eine solche Haltung könnte man als eiskalten Verrat von Freunden bezeichnen.

Eine Rückblende. Der Wahlkampf in Kärnten wurde gerade für eröffnet erklärt. Peter Westenthaler formuliert seine Wahrnehmung. Das war an einem Vormittag im Jänner 2004, im Büro des Bundesliga-Managers: „Mit Sicherheit gibt es die Blauen nicht mehr. Schauen Sie, es ist doch wohl kein Zufall, dass es im Kärntner Landtagswahlkampf die FPÖ nicht mehr gibt. Auf den

Plakaten existiert nur der Haider. Das alte Markenzeichen FPÖ ist weg, es ist wohl zu negativ besetzt. Was auch immer passiert, die Geschichte der Blauen wird am 7. März abgehakt." So orakelte Jörg Haiders treuester Mann. Dessen politische Partnerin Susanne Riess-Passer gibt sich im Februar 2004 lakonisch: „Auch wenn Jörg Haider gewinnt, er wird wieder die falschen politischen Schlussfolgerungen ziehen."

„Ich schließe nicht aus, wieder FPÖ-Obmann zu werden, habe aber keine Ambition." So reagiert der Kärntner Landeshauptmann im Privatgespräch zu den Rufen innerhalb seiner Partei, er solle wieder an die Parteispitze zurückkehren. Wieder wird das Obmann-Spiel beginnen – es steht schon seit dem Jahr 2000 auf dem Programm. Dem Jörg-Fan-Klub wurde am 7. März 2004 wieder Leben eingehaucht. Sie werden den „politischen Lazarus" Haider – den Totgesagten und Wiederauferstandenen – auf den blauen Marktplatz zurückholen wollen. O-Ton Haider: „Da müssen ein paar Fragen geklärt werden. Ich bin nicht der Butler der FPÖ, der durch Österreich tingelt und für alle alles macht. Ich habe jeden Wahlkampf geführt und war der Letzte in jeder Disco. Ich lass mich nicht mehr verschleißen. Die FPÖ muss lernen, wie sie selbst ihre Chancen nutzt."

Das ist eine neue Variante im politischen Leben des Jörg Haider. Erinnern wir uns an die alten: Nach Knittelfeld und nach dem Wahl-Desaster 2002 gab Jörg Haider seine Lebensträume preis: Er wollte noch den Ironman-Wettbewerb schaffen (Schwimmen, Laufen, Radfahren auf Hawaii), auch als Inhaber einer Vinothek mit Buchhandlung beschrieb er seine Zukunft.

Nach der Landtagswahl deutete der Rastlose im privaten Kreis an, sich in fünf Jahren aus der Politik zurückzuziehen. „Es gab Zeiten, da wollte ich den Bundeskanzler anstreben. Beim Regierungsalltag in Wien ist man aber vom Volk weit weg. Darunter leide ich. Da bin ich lieber noch fünf Jahre Landeshauptmann. Dann ziehe ich mich mit 59 aus der Politik zurück." Auf Nachfragen von Journalisten, ob er sich selbst das politische Ablaufdatum 2009 gebe, schlägt Jörg Haider einen sentimentalen Ton an: „Ich war 25 Jahre aktiv und ich will Kärnten etwas von dem zurückgeben, was es mir als Zuagrasten lieb gegeben hat."

Kärnten–Wien retour. Dieses Buch dokumentiert diese Reise des Jörg Haider. Die Erzähler dieser 25 Jahre langen Odyssee sind Knappen, Ritter und die Edeldame am blauen Hof des Jörg Haider. Eine langer Trip – und am Ende doch nur „leere Kilometer“?

Eine politische Obduktion mit Befund

„Es geht am 7. März nicht allein um Kärnten, sondern auch darum, dass die FPÖ nicht im Staub der Geschichte versinkt."

Jörg Haider, 11. 1. 2004, Klagenfurt

Das Ende der Blauen. Das hat nichts mit der FPÖ zu tun. Die wird es weiter geben. Gemeint sind die Blauen, die bis 2000 die politische Kontrastfarbe zu Rot, Schwarz und Grün waren. Das Ende der Blauen: Das ist die Inside-Story einer Bewegung – die es nicht mehr gibt.

Niemand hat sie überlebt. Nicht einmal Jörg Haider. Es war eine Radikal-Phase der Innenpolitik – die politische Klasse hat sie mehr oder weniger als unerfreulich wahrgenommen.

Die Blauen, von denen in diesem Buch die Rede ist – sie konnten den Politik-Wechsel nicht herbeiführen. Auch wenn für diese Blauen fast 27 Prozent der österreichischen Wähler stimmten. Es war zwar 1999 eine Machtübernahme angesagt, die Jörg Haider hieß, aber das besänftigende Wort „Wende" vernebelte die Realität.

Hat Jörg Haider die Lektion gelernt? Damals, nach der Nationalratswahl 1999? Wohl kaum. Er hat schmerzlich erfahren müssen, dass sich seine FPÖ selbst dann nicht durchsetzt, wenn sie in den Ländern und im Bund die politischen Charts stürmt. Noch enttäuschender muss es für ihn sein, weil er als unumstrittener Partner der „Wende" alle Ämter mit von ihm erfundenen Politikern besetzt hat, sozusagen handverlesen.

Jörg Haiders Problem waren nicht die Linken und die „Altparteien", wie sein politisches Mantra suggerierte. Viel gefährlicher waren für ihn die blauen Gesinnungstäter und die Netten – seine eigenen Leute.

Die ließen sich in der Regierung aus gruppendynamischen und rationalen Gründen auf Kompromisse mit den Mitspielern ein, die Jörg Haiders Konzept der „permanenten Opposition" geradezu zur Farce machten. Daher konnte er, seit er Mitspieler ist, niemandem in seinem Umfeld trauen. Außer sich selbst.

Das erklärt die Hybris von Jörg Haider. Er glaubt seit 1986, nur er biete die Gewähr dafür, dass Österreich die unverdünnte „blaue Medizin“ eingeträufelt wird, die er dem Land seit Jahren verbal zu verschreiben droht.

War Jörg Haider jener elitäre Mensch, der alle verachtet, die seinen politischen Ansprüchen nicht genügten? Er hat zwar in vielen Jahren die Funktionäre der etablierten Parteien als „politische Weich-Eier“ geortet, aber schließlich sein „Konzept der radikalen Opposition“ nie durchgezogen.

Der Tiroler Gerulf Stix kennt Jörg Haider von Anfang an. Stix war in den achtziger Jahren Obmann der Tiroler Blauen und 3. Nationalratspräsident. Stix hat heute eine ziemlich ernüchterte Sicht auf den Partei-Obmann: „Der Haider pflegte die innere Teamfähigkeit nur unter dem Gesichtspunkt Führer und Gefolgschaft“. Stix spitzt sogar noch zu: „Meine Theorie ist, Haider opfert jeden Freund, der nicht seinen politischen Überlegungen entspricht.“

Jörg Haider war – so erzählen es alle Blauen in diesem Buch – immer ein Politiker, der ein Opfer seiner eigenen inneren Schalmeienklänge war.

Dennoch: Die Politiker der Großen Koalition SPÖ/ÖVP hatten seit 1986 nur zwei Möglichkeiten: entweder die Blauen mit aller Kraft zu verhindern oder die eigene politische gesellschaftliche Position und personelle Vertretung zu verstärken.

Es war wohl nicht möglich, die zweite Variante zu realisieren. Also kaprizierte man sich auf die erste, verteufelte die Blauen – und dafür nahm man in diesem Land 14 Jahre lang gewaltige Risiken in Kauf. Es gab viele Aufschreie, vielfach waren es auch nur Aufschreie von Scheinheiligen.

Heute – ein Indiz für das tatsächliche Ende der Blauen – können sie die österreichische Innenpolitik thematisch nicht mehr in den Würgegriff nehmen. Jörg Haider, das sagt auch sein Weggefährte Ewald Stadler, hat kein Kapital mehr, und sein Einsatz für „Unermessliches“ löse bei seinen Freunden längst kein Muffensausen mehr aus. Norbert Steger, Haiders Vorgänger, schrieb einmal, Haider sei der natürliche Nachfolger von Schönerer im 20. Jahrhundert. Der versammelte im 19. Jahrhundert die Radikalen um sich und am Ende versauerte er auf seinem Schloss im Waldviertel. Steger: „So ähnlich wird's dem Haider in seinem

Bärental gehen." Noch einer aus der klassischen blauen Riege erinnert sich. Harald Ofner, auch er war von Anfang an dabei, sagte öffentlich: „Der Haider-Spuk muss vorbei sein." Zu mir sagte Ofner: „Ich erinnere daran, dass ich zwischen 1983 und 1985 zwei Mal Haiders Partei-Ausschluss versucht habe." Norbert Steger bestätigt dies: „Zweimal wurde sein Ausschluss im kleinen Kreis beschlossen. Als Obmann habe ich den Beschluss nicht vollzogen, weil ich der Meinung war, in einer liberalen Partei müsse es möglich sein, den Parteivorsitzenden zu kritisieren. Rückblickend muss ich gestehen – ich war überheblich und dachte, ich werde den Jörg schon derreitn."

Der gelernte Manager Reinhart Firlinger wechselte vom Liberalen Forum zur FPÖ. Für diese war er etliche Jahre als Verkehrssprecher im Nationalrat. Es sind Thesen eines Insiders. In seiner Analyse ortet Firlinger die „Verlogenheit als Faktor des Niedergangs" und den Mangel an Differenzierung. Der ehemalige niederösterreichische FPÖ-Mandatar beschreibt die Blauen in ihrer letzten Phase als Spannungsfeld mit Stadler, Sichrovsky und Mölzer. Dazwischen sieht Firlinger die große „Manövriermasse der Beliebigkeit". Die FPÖ hätte es eigentlich wissen müssen, dass man in der Regierung messbar wird. Statt einem Programm zu folgen, inszenierte Haider die Ballade vom Kleinen Mann. Der freilich geht, so lehrte es der Absturz der Blauen bei den Nationalratswahlen 2002, zum Schmied und nicht zum Schmiedl. Am Ende gingen die Wähler irritiert nach Hause.

Ein gutes Beispiel für den „programmatischen Pfusch" der FPÖ-Spitze stellt nach dem Wissen der Parteiangestellten die Finanz-Situation dar. Noch 1999 war die FPÖ dank der Mandatsgewinne eine ziemlich reiche Partei. Drei Jahre später, das dementiert niemand, spricht man intern von den „Blauen mit den leeren Taschen". Dem Klub- und Parteivorstand wird diese Realität noch immer vorenthalten. Das Pleite-Rätsel sei indes leicht aufzulösen. Jeder, der durfte, habe sich aus der Kassa bedient, Luxusflüge mit der Concorde wurden finanziert, Garderobe eingekauft und Spesen aller Art verrechnet. Die darüber reden wollen, denen wurde intern ein Maulkorb umgehängt. „Die Basis wird auf nicht gerade treudeutsche Art ständig für dumm verkauft." So spricht einer, der sich nach seiner Selbstdarstellung mitten im „Prozess der Desillusionierung" befindet.

Es handelt sich um Peter Böhm, Rechtsprofessor und Fraktionschef der FPÖ im Bundesrat. Er zählt zu jenen vielen Funktionären, die seit zwei Jahren eine Phase der Ernüchterung durchlaufen. Jeder kann etwas werden. Das war das Motto in den späten neunziger Jahren. Zusammengehalten wurde dies alles nur durch Jörg Haider. Gerulf Stix, der Philosoph der alten Blauen, lacht bei seinem Bild über den Zustand der blauen Partei: „Mir kommt es so vor, man steht vor einem Berggipfel. Scheinbar feste Felsen. Doch in Wahrheit war drinnen nur gefrorenes Eis. In allen Spalten und Ritzen nur Eis. Zusammengehalten nur durch die Kälte." Stix meint weiter, zwar habe Jörg Haider alles zusammengehalten, aber man habe übersehen, dass in der ganzen Mannschaft keine innere Verbindung bestand. Es gab das alte System – in den Bezirken und Gemeinden –, das hat mit einer gewissen Trägheit noch ein paar Jahre weitergearbeitet. Gerulf Stix: „Insofern gab es eine Art FPÖ-Struktur. Nur, diese wurde mit Inszenierungen überlagert und sie ist jetzt in Wahrheit zerbröselt. Die Parteiführung sieht alles nur aus der Perspektive der Tagespolitik, die sie macht." Der Zustand der Blauen sei nicht zu reparieren. Zumindest dauere die Reparatur so lange, wie die Herbeiführung des Zustandes gedauert habe, sinniert der Tiroler. Alle seine Weggefährten von 1986 herauf bis in die Gegenwart sind sich einig: Jörg Haider habe die alte FPÖ völlig verändert. Und weit und breit sei nicht in Sicht, was draus werde. Gerulf Stix hat ein Generations-Modell der Politik entwickelt. Er vermutet, dass es 15 Jahre dauern werde, bis sich wieder „blauer Nachwuchs" gebildet habe.

Noch sterben die meisten Blauen unter „friendly fire". Wer sich einer Gesinnungslinie nähert, die nicht im Trend der Beliebigkeit liegt, der wurde und wird noch immer hinauskatapultiert. Der aktuelle Befund: Es findet angesichts der sinkenden Werte ein Prozess der Redimensionierung statt. Jörg Haiders Truppe befindet sich auf der Suche nach einer minimalen Glaubwürdigkeit.

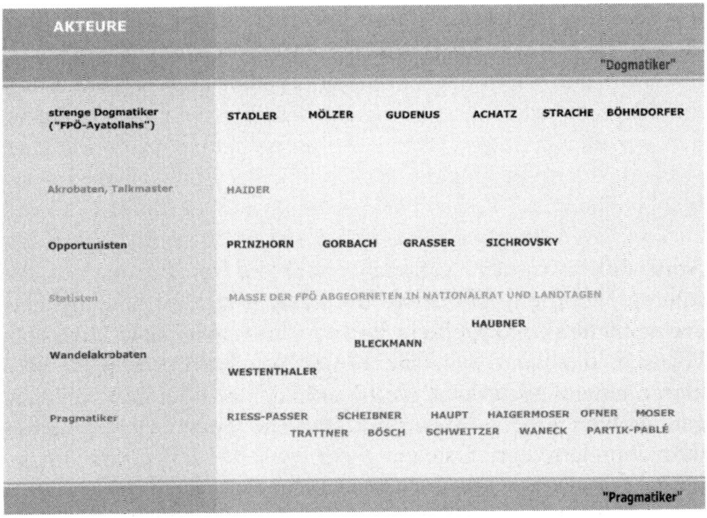

Die Akteure: Die Grafik veranschaulicht ihre ideologischen Positionen und ihre Rollenverkörperung. In der Mitte: Die Manövrier-Masse der Beliebigkeit.

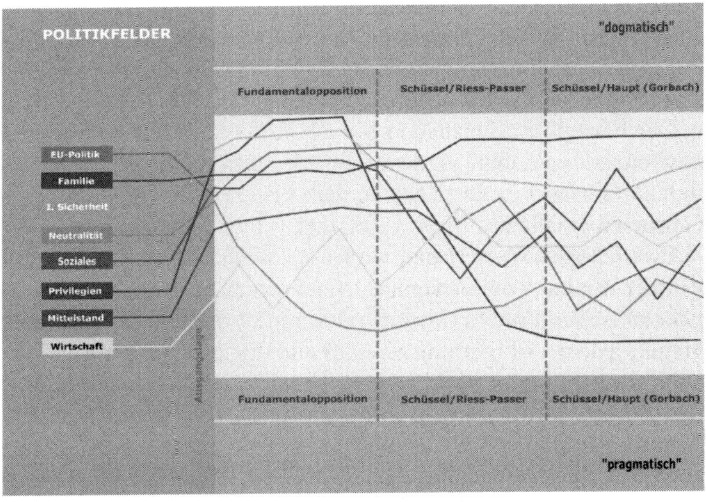

Politische „Fieberkurven" von der Opposition bis zum Kabinett Schüssel II. Nur in der Familienpolitik konnten die Blauen ihren Kurs halten. Soziales und EU weisen starke Schwankungen auf.

Wie alles begann

Eine Regierung scheitert
Jörg Haider kommt auf die Bühne
Die Uraufführung von Knittelfeld

April, Frühjahr 1983. Nationalratswahlen. Der Verlust der Absoluten Mehrheit veranlasste die SPÖ, eine Koalition mit den Freiheitlichen einzugehen. Es war damals Bruno Kreiskys Wunsch, die Blauen in eine Regierung mit den Sozialdemokraten einzubinden. Und die Blauen, geführt von Norbert Steger, wollten endlich zum politischen Establishment gehören. Jahrzehntelang hatten sie ein politisches Außenseiterdasein geführt.

Im Vorfeld der Regierungs-Verhandlungen ließ Steger dem Vorsitzenden der Sozialdemokraten, Fred Sinowatz, Nachfolger von Bruno Kreisky, ein Positions-Papier zukommen. Der Mann, der das Papier für seinen Chef im Wiener Café Landtmann abholte, hieß Gerhard Zeiler, damals Pressesprecher, heute RTL-Chef. Norbert Steger kannte offenbar die Befindlichkeit der SPÖ in Fragen der liberalen Marktwirtschaft. Er skizzierte auf knapp zwei Seiten seine Philosophie zu diesem Thema.

Der harte Kern der blauen Botschaft: Der liberale Steger verzichtete auf radikalen Markt-Liberalismus. „Man kann über alles reden." Gerhard Zeiler war ziemlich überrascht. „Das wird den Genossen gefallen."

Zweifellos, Stegers Papier war ein Schlüssel zum Regierungs-Eintritt. Es kam dann wenige Wochen später zum Koalitionspakt zwischen Fred Sinowatz, gelernter Historiker, und Norbert Steger, gelernter Jurist und ehemaliger Wiener Sängerknabe.

Norbert Steger verteidigt noch heute, über 20 Jahre später, den Eintritt in die damals so genannte Kleine Koalition. Seine Argumente klingen ähnlich wie jene von Jörg Haider im Jänner 2003 bei der Neuauflage des Kabinetts Schüssel II: „Es geht darum, zur richtigen Zeit Verantwortung zu übernehmen."

Solche Sätze ziehen sich wie ein roter Faden durch die blaue Geschichte.

Auch der jetzt amtierende FPÖ-Vizekanzler Hubert Gorbach sagte Ähnliches zur schwarz-blauen Lage der Nation.

Alte Geschichten und neue Fakten

Man muss die alten Geschichten mit neuen Fakten aufwärmen. Nur so versteht man die Ironie, die jede Wiederholung politischer Inszenierungen enthält. In diesem Kapitel melden sich die blauen Akteure von damals zu Wort.

Harald Ofner, damals Justizminister, sieht rückblickend die Kleine Koalition als „die historische Chance, Verantwortung zu übernehmen, um die eigenen politischen Positionen umzusetzen." Nur gemerkt hat es niemand. Das scheint von Anfang an das Dilemma der Blauen gewesen zu sein.

Ähnlich wie im Jahr 2000 kämpfte die Regierung 1983 mit rauem medialem Gegenwind. So war auch die rot-blaue Koalition nicht wirklich vom Glück begünstigt. Der Weinskandal, das VOEST-Debakel und die Au-Besetzung waren nur einige Themen, bei denen der Regierung der Wind scharf ins Gesicht blies. Für Norbert Steger war das Unternehmen Kleine Koalition von Anfang an eine „unmögliche Mission". Denn 1983 war die FPÖ mit knapp 5 Prozent der Wählerstimmen nur ein „Juniörchen"-Partner der Sozialdemokraten. (Zum Vergleich: ÖVP und FPÖ lagen im Jahr 2000 mit 26 bis 27 Prozent Kopf an Kopf).

Norbert Steger, das war sein Pech, hatte nie den Habitus des Siegers. Er musste sich von Anfang an auf zwei politischen Feldern aufreiben lassen. In der Regierung versuchte er die „ökologischen Positionen" der Blauen gegen die roten Gewerkschafter durchzusetzen. An der Parteifront stieß Stegers „liberaler Kurs" zunehmend auf „nationalen Unmut".

Schauplatz Hainburg

Nach der Auseinandersetzung um das Atomkraftwerk Zwentendorf entwickelte sich ein neuer „ökologischer Schauplatz". Es ging damals um das Donaukraftwerk Hainburg.

Die Lobby der Bau- und Energie-Wirtschaft war in der SPÖ gut verankert. Norbert Steger, damals Vizekanzler, stand mit seinen „grünen Ambitionen" von vorneherein auf verlorenem Posten. Was für Träume er hatte! Fernwärme für alle, die Hochspannungs-Leitungen unter der Erde, freier Blick auf die Heimat, und als Handelsminister wollte er die Gewerbeordnung entlüften.

Aus privaten Aufzeichnungen lässt sich auch entnehmen, wie abenteuerlich im Bundeskanzleramt in der persönlichen Umgebung des Regierungschefs gefuhrwerkt wurde. Die Blauen hatten damals keine Ahnung vom Regieren. Dieser Umstand verführte einige sozialdemokratische Mitspieler zu Intrigen. „Mit den Deppen können wir ja machen, was wir wollen …"

Die Fäden zog Hans Pusch. Er war der Kabinetts-Chef. Vorher war er so eine Art Event-Manager von Fred Sinowatz gewesen, als der noch in der Regierung Kreisky Unterrichtsminister war. Erinnerung an eine interne „Strategie-Besprechung": Pusch betrachtete das innenpolitische Geschehen immer als eine Art Schachspiel, das er nächtelang in Stammbeisln spielte. Die Bauernopfer waren dann immer die Blauen und auch seine eigenen Leute. „Hainburg ziehen wir durch und Zwentendorf kriegen wir auch noch hin." Solche abenteuerlichen rhetorischen „Schachzüge" zählten zum Repertoire des politischen Handelns in den Hinterzimmern des Kanzleramtes.

In den Medien aber war immer Norbert Steger „der Dillo vom Dienst". Es muss ein schreckliches Durcheinander gewesen sein. Heute fällt seine Rezension der Kabinetts-Kollegen nicht schmeichelhaft aus. Rund um den Konflikt um das geplante Kraftwerk Hainburg habe der damalige Innenminister Karl Blecha schwere taktische Fehler begangen. Blecha habe zugelassen, dass alle Demonstranten problemlos ihre taktischen Stellungen in den Donau-Auen aufbauen konnten. Danach sei dann die Polizei hingeschickt worden …

Zum politischen Schauplatz Hainburg gibt es private Aufzeichnungen einiger Beamten, die damals Marschbefehle in die Auen hatten. Blechas Staatspolizeichef Schulz schickte im Vorfeld des Konflikts junge Gendarmerie-Beamte „under cover" ins Unterholz.

Die bauten Zelte auf und lebten hautnah mit den Organisatoren des Widerstands zusammen. Die Under-Cover-Crew berichtete dem Stapo-Boss täglich. Sie schrieben, was wirklich los war. Und sie schätzten die Situation politisch ziemlich genau ein.

Demnach, so heißt es in ihren Rapports, handelte es sich bei den Demonstranten um „friedliche, bürgerliche, katholische Umwelt-Schützer". Stapo-Chef Schulz dürfte von diesen Erkenntnissen nur Bruchteile an den Ressortchef weitergegeben haben.

Der Innenminister indes, ein Getriebener der Bau-Holz-Gewerkschafts-Genossen, hielt noch immer an Verschwörungs-Theorien fest. In deren Reden waren „Rechtsradikale und libysche Agenten" die Drahtzieher der Kraftwerks-Gegner. „Blanker Unsinn", so die Analyse der verdeckten Beobachter. Blechas Sicht könnte damals auch von einem – rückblickend – skurrilen Faktum beeinflusst gewesen sein: Libyens Staatschef Muamar Ghadaffi ließ in den achtziger Jahren sein „Grünes Buch" in Europa und natürlich auch in Wien verbreiten. Deshalb wurde im Sicherheitsapparat angenommen, Libyen wolle die heimische „ökologische Bewegung" für seine „revolutionären Zwecke" einspannen. „Wir haben über einen solchen hausgemachten Blödsinn ziemlich laut gelacht", erzählt ein ehemaliger „Öko-Aufklärer".

Der Ausgang des Konflikts beschädigte, wie man heute weiß, die damals herrschende politische Klasse nachhaltig. Die innenpolitischen Folgen des Hainburg-Konflikts zählen zum Standard-Wissen der politischen Forschung im Land.

Ein Handschlag mit Folgen

Drei Jahre waren die Blauen in der Regierung. Da gab es noch eine Geschichte, die den Blauen politischen Schaden zufügte und sie „ideologisch" dumm dastehen ließ. Norbert Stegers Parteifreund Friedhelm Frischenschlager, damals Verteidigungsminister, geriet ohne Not in eine peinliche Protokoll-Falle. Es ging um den „Handschlag mit dem Kriegsverbrecher Reder". Steger glaubt jetzt zu wissen, wie es sich wirklich zugetragen hat. Wieder ortet er seinen Minister-Kollegen Blecha hinter der „Intrige".

Blecha habe Frischenschlager gefragt, ob er einen Platz im militärischen Bereich zur Verfügung stellen könne, wo man diskret die Überstellung des österreichischen Wehrmachts-Majors abwickeln könne. Er, Blecha, habe mit den Italienern vertrauliche Verhandlungen geführt. Die wollten Reder aus der Festungshaft bei Rom nach Hause entlassen. Reder war nach dem Zweiten Weltkrieg wegen seiner Teilnahme an Kriegsverbrechen zu einer hohen militärischen Festungshaft verurteilt worden.

Frischenschlager schlug als Übernahme-Ort die Gratkorn-Kaserne in Graz vor, obwohl das Verteidigungsministerium dafür gar nicht verantwortlich gewesen wäre. Noch bevor Frischenschlager die Hand ausgestreckt hatte, waren die Medien über die steirische Sicherheitsdirektion mit entsprechenden Tipps versorgt worden. Der Verteidigungsminister wurde zur „Belastung" und musste zurücktreten. Verbitterung klingt noch nach, wenn Norbert Steger seine Sicht der „Handschlags-Affäre" preisgibt. „Die Genossen haben damals den Frischenschlager ausrutschen lassen." „Freilich", fügt der ehemalige Vizekanzler hinzu, „der Frischi war von Anfang die Schwachstelle in meinem Team."

Mehr Langzeit-Wirkung ging schließlich in der rot-blauen Ära von Udo Proksch aus. Er war der Darling weiter Kreise der Sozialdemokratie. Seine Verquickung mit dem mysteriösen Untergang des Frachters „Lucona" war Gegenstand eines Buches des Journalisten Pretterebner. Der Tiroler Gerulf Stix, damals 3. Nationalratspräsident der FPÖ, meint, die Affäre „Lucona" habe Jörg Haider die „erste Munition" gegen die „politische Klasse in Wien" geliefert und die Basis gegen „die da in Wien" aufgebracht. Der blaue Justizminister Harald Ofner qualifizierte zum Unmut vieler seiner nationalen Parteifreunde die Ermittlungsergebnisse in der Causa Proksch als „zu dünne Suppe".

Trotz all dieser Widrigkeiten: Noch konnte sich die Kleine Koalition am Ruder halten.

Wo aber war zu jener Zeit Jörg Haider? In Kärnten. Wie jetzt, doch damals war er „nur" Landesparteiobmann der FPÖ. Schon damals gab es das Rätsel, warum Norbert Steger seinen Kärntner Gegenspieler nicht in sein Regierungsteam nahm.

Staatssekretär oder Minister?

Ich setzte mich mit Norbert Steger in Verbindung, zu einem „historischen Workshop", im Jänner 2004. Wir verabredeten uns in den „Drei Hack'n". Ein urbanes Gasthaus in der Wiener Innenstadt. Ein witziger Zufall: Der Wirt im Nebenberuf heißt Gustav Lohrmann und ist Stegers ehemaliger Kabinettschef. Bevor wir zu den Erinnerungen des ehemaligen Vizekanzlers an jene turbulenten Zeiten zurückkommen, noch einige biografische und politische Daten zum ersten blauen Vizekanzler der Zweiten Republik.

Norbert Steger feierte am 6. März 2004 seinen 60. Geburtstag. Er ist knapp sechs Jahre älter als Jörg Haider. Steger stieß über die Hochschülerschaft zur blauen Gesinnungsgemeinschaft. 1965 wurde er stellvertretender Obmann der Freiheitlichen Studenten, zu jener Zeit lief ihm auch Heide Schmidt über den Weg. Später schloss er sich dem liberalen Flügel der FPÖ an. 1977 übernahm er die Wiener FPÖ, 1980 die Bundespartei.

Ursprünglich wollte der frühere Wiener Sängerknabe Lehrer werden. In der Lehrerbildungsanstalt zählte Helmut Zilk zu seinen Paukern. Steger saß mit Volker Kier (später Liberales Forum) im Atterseekreis, der sich als ideologisches Gegengewicht zu den Deutschnationalen verstand. In deren studentischen Zirkeln machten Jörg Haider und Norbert Gugerbauer von sich reden.

Nach so vielen Jahren lehnt sich der Rechtsanwalt Norbert Steger entspannt zurück. Warum hat er Jörg Haider nicht in die Regierung genommen? Steger erzählt: „Bevor ich mein Team bildete, fragte ich jeden Einzelnen, ob er Staatssekretär werden möchte. Das war mein Demuts-Test. Alle sagten ja, nur der Jörg Haider nicht, der wollte gleich Handelsminister werden. So kam es, dass Haider nicht im rot-blauen Team war."

Der Jörg-Haider-Faktor spielte 1986 zwar bei den Blauen schon eine Rolle, aber noch lange nicht in der Innenpolitik. Bis es zum denkwürdigen Showdown im blauen Lager kam.

Turbulente Zeiten

Auf dem innerparteilichen Terminkalender ist ein Bundesparteitag angesagt. Ort: Innsbruck. Termin: 13./14. September 1986.

Innerhalb der Freiheitlichen Partei gärte es schon längere Zeit. Es ist verblüffend, wie sich innerparteiliche Muster bei den Blauen wiederholen. Schon 1986 wurde eine Bruchlinie zwischen den Wienern und den Kärntnern sichtbar. Steger: „Was damals geschah, erinnert mich an Querelen, denen die FPÖ-Regierungsmannschaft ab dem Jahr 2000 ausgesetzt war. Auch wir hatten vor lauter Regieren kaum Zeit für die kleinen Funktionäre. So entstanden Neidkomplexe und Spielräume für Intrigen. Jörg Haider, das glaube ich heute, war damals – vor dem Parteitag – keine wirklich treibende Kraft gegen mich als Obmann."

Der Widerstand gegen die Blauen in der Wiener Regierung regte sich in den Landesorganisationen. Man traute dem Obmann nicht mehr zu, dass er bei bevorstehenden Wahlen die Partei in die Gewinnzone bringen konnte. Einer, der diese Stimmung an der Tiroler Basis erlebte, heißt Gerulf Stix. Der Tiroler war damals 3. Nationalratspräsident der Blauen. Der Parteiveteran hat die Innsbrucker Ereignisse gut dokumentiert. Die ersten „Widerstandsnester" dürften demnach in Tirol entstanden sein.

Dennoch glaubt Stix nicht, dass ideologische Triebkräfte im Spiel waren. Stix: „Ich habe die Stimmung vor dem Parteitag in der Tiroler Landesgruppe erlebt. Es ging quer durch alle Gruppierungen in der Partei. Es gab Leute für Steger, andere, die sagten, die Erneuerung der FPÖ kann nur durch Haider kommen. Es breitete sich freilich auch in anderen Landesgruppen die Ansicht aus, mit Steger gehe es mit uns bergab. Viele waren von diesem Gefühl angesteckt."

Gerulf Stix erzählt mit Bedacht aus seiner damaligen Wahrnehmung die Stimmung innerhalb des blauen Lagers. „Nun, es gab vor dem Parteitag eine wachsende Spaltung der Sympathien. Die Umfragen vor den Wahlen lösten eine politische Depression aus. Wir sind bis in die Nähe von drei Prozent der Wählerstimmen abgerutscht. Da haben natürlich die Alarmglocken zu schrillen begonnen."

Schnitt, wie es in der Fernsehsprache heißt. Schauplatz Wien. Dort regierte unterdessen ein neuer Mann: Franz Vranitzky. Sein Vorgänger Fred Sinowatz hatte nach der verlorenen Bundes-Präsidentenwahl (Rudolf Streicher gegen Kurt Waldheim) alle Ämter zurückgelegt. Schnitt. Rückblende.

Im Wahlkampf gegen Waldheim agierten einige Sozialdemokraten mehr als nur unglücklich. Es war ein undurchsichtiges Spiel. Dichter Nebel lag über den Wegen, auf denen so genannte belastende Dokumente gegen Kurt Waldheim zwischen Wien und New York ausgetauscht wurden.

Wieder waren es Akteure im Kabinett des Bundeskanzlers, die glaubten, man könne mit der historischen Kategorie Anti-Faschismus Wahlkampf betreiben. Kurt Waldheim wurde Wochen später von der amerikanischen Justiz mit einem Einreise-Verbot belegt, doch den österreichischen Akteuren und Spielern haben all diese zum Teil unerfreulichen Machenschaften kein politisches Glück gebracht. Der Missbrauch der historischen Kategorie „Antifaschismus" zu vordergründigen innenpolitischen Zwecken, das konnte nur schief gehen. Schnitt.

Vor dem Innsbrucker Parteitag, im September 1986. Nervosität machte sich breit. Parteiobmann Steger machte in den Medien keine gute Figur. Stix malt dazu ein etwas freundlicheres Bild. Steger sei wirklich unter seinem Wert gehandelt worden. Aber gegen das „biologische Image" von Jörg Haider sei der amtierende Obmann innerparteilich nicht angekommen. Stix: „Der Jörg machte halt damals so einen durchtrainierten und vitalen Eindruck." Da konnte Norbert Steger nicht mithalten. Er verzettelte sich in Programm-Diskussionen und verknüpfte auch noch – in Interviews – seine liberalen Positionen mit seinem persönlichen politischen Schicksal.

Norbert Steger rüstet sich für den Parteitag. Allmählich dämmert ihm: In seiner Partei formieren sich Fraktionen – gegen ihn. In den Zeitungen spekulieren die Journalisten über das politische Schicksal des Vizekanzlers. Diese Stimmung beschreibt der FPÖ-Funktionär John Gudenus. Er war zu jener Zeit Funktionär in der Wiener Landesorganisation. Diese galt als Steger-treu. Gudenus war freiheitlicher Bezirksobmann; heute sitzt er für die Wiener Freiheitlichen im Bundesrat.

John Gudenus stellt ein gutes Beispiel der stets grassierenden Paranoia innerhalb der Blauen dar. Norbert Steger glaubte, der Wiener Freiheitliche Gudenus konspiriere gegen ihn und schüre vor dem Parteitag die Stimmung gegen ihn. Gudenus entsinnt sich: „Nur wenige Wochen vor dem Parteitag besuchte ich den Parteiobmann im Handelsministerium. Er sagte damals zu mir, ‚ich nehme wohl an, ihr habt's einen Gegenkandidaten beim Parteitag'. Ich dachte, der glaubt, ich weiß mehr, als ich tatsächlich weiß. Steger hielt mich für einen eingeweihten Aufständischen. Aber ich war tatsächlich nicht im Bilde, was sich gegen Steger zusammenbraute."

Der Parteitag

Der Parteitags-Termin rückte näher. Wie immer bei solchen politischen Terminen überschlagen sich die Spekulationen in den Medien.

Der Tiroler Alt-Blaue Stix beschreibt die Stimmung vor dem Parteitag so: „Es war wie bei einem Fußball-Match, wo man einen knappen Ausgang erwartet. Das war die Emotionslage." War es ein Putsch? „Nein, Haider wurde zwar kanalisiert, aber das ist ein üblicher Vorgang, wenn es unterschiedliche Kandidaten gibt. Unter den Delegierten war schon am Vorabend eine Stimmung vorhanden, es müsse ein Zeichen für irgendeinen Aufbruch geben." Den Medien blieb natürlich nicht verborgen, dass der Innsbrucker Parteitag zur Kampfbühne zwischen Norbert Steger und Jörg Haider wird. Zwei Tage vor dem Parteitag gab Jörg Haider bekannt, er werde gegen den amtierenden Obmann in den Ring steigen. Steger rechnete damals naiverweise mit einer Niederlage Haiders. Er sei der Garant für die Koalition und Haider wäre für den Koalitionspartner SPÖ nicht glaubhaft. So ähnlich dachte Jahre später auch Susanne Riess-Passer.

Innsbrucker Innenstadt, Freitag Nachmittag, 12. September 1986. Ein Akteur im blauen Machtspiel erzählt von seinen gemischten Gefühlen, die er an jenem Tag hatte. Harald Ofner. Er war damals Justizminister und hatte seine innerparteilichen Machtkämpfe schon hinter sich. Ofner war Obmann der Freiheitlichen in Niederösterreich – in seiner politischen Biografie notierte er eine persönliche Niederlage: Im Rennen um den Bundesobmann musste er sich 1980 Norbert Steger geschlagen geben. In seinen Innsbrucker Erinnerungen spürt er noch heute das „innerparteiliche Bauchweh", das er am Vorabend des denkwürdigen Parteitages empfunden hat.

„Ich habe gespürt, da geht irgendetwas schief für Steger und damit auch für die Regierung. Ich setzte mich mit Steger im Hotel in Verbindung und sagte, du, wir müssen nochmals über die Obmann-Kandidatur reden."

Harald Ofner suchte ein Vier-Augen-Gespräch mit seinem Obmann. Es war Stegers Art, sich stets mit vielen Menschen zu umgeben, manchmal Dutzenden. Ofner: „Nach vielen Anrufen konnte ich ihn endlich zu einem Spaziergang überreden." Norbert Steger kam natürlich nicht allein zum Treffpunkt. In seinem Schlepptau war Helmut Krünes, nach Frischenschlagers Abgang blauer Verteidigungsminister in der Kleinen Koalition.

„Wir spazierten lange durch die Altstadt und Steger fragte Krünes: ‚Kandidierst du?' Krünes erwiderte, nur wenn er der einzige Kandidat sei. Steger erbat sich Bedenkzeit und sagte zu uns: ‚Morgen früh sage ich es euch.' Beim Frühstück sagte er: ‚Ich kandidiere.'"

Hinter den Kulissen wurden die blauen Karten schon neu gemischt. Für das Publikum war das nicht erkennbar. Im Innsbrucker Kongresshaus wurde das „Steger-Team“ zelebriert. Das Parteitagsmotto: „Mitverantworten = Mitgestalten“. Die Botschaften von damals erinnern an die blaue Verzweiflung von heute: Die FPÖ sei nur dann erfolgreich, wenn alle endgültig begreifen könnten, dass „jeder seine Anhänger hat, vom Burgenland bis zum Bodensee, und dass alle zusammen den Erfolg machen“. Das war damals Norbert Stegers Originalton. Und der frühere Klubobmann Friedrich Peter zeigte sich besorgt über die „familieninterne Zwietracht der FPÖ“.

Auf dem Parteitag kursierte das Gerücht, Jörg Haider habe mit Franz Vranitzky über die Fortsetzung der Koalition gesprochen. Norbert Steger, zu diesem Zeitpunkt noch amtierender Parteiobmann, war irritiert. Steger: „Ich habe das damals nicht geglaubt, weil mir der Bundeskanzler im Wort war.“ Steger ließ den Parteitag unterbrechen, um in einer kleinen Runde hochrangiger Funktionäre abzuklären, was da wirklich gespielt wurde. Norbert Steger: „Ich sagte Haider auf den Kopf zu: ‚Du lügst, wenn du deinen Gefolgsleuten erzählst, die Kleine Koalition bleibe bestehen, wenn der Haider Obmann wird.‘“ Norbert Steger hat zur Saga, Jörg Haider habe sich mit Franz Vranitzky „abgesprochen“, seine heute schon historische Sicht der Ereignisse. Er erinnert sich, dass Gustav Zeillinger aus der Besprechung heraus den Bundeskanzler angerufen hat. Zeillinger sagte zu Vranitzky, es könne ja nicht sein, dass nur, weil es einen Obmann-Wechsel gebe, die Koalition gekündigt werde. Vranitzky, so war seine Art, soll etwas unklar geantwortet haben. Wochen nach dem Parteitag legte sich Jörg Haider eine eigene Version der damaligen Geschehnisse hinter den Kulissen des Parteitages zu. Haider fing an zu behaupten, er habe die Kleine Koalition beendet. Das war der Grundstein für den Mythos der „radikalen Opposition“.

Es existieren indes Aufzeichnungen und es gibt Zeugen, die bestätigen, dass Jörg Haider mit Vranitzky persönlich geredet hat. Unterdessen hat der Altkanzler in einem Buch, das im Februar 2004 erschien, ohnehin bestätigt, was viele Jahre lang nur Spekulation war. Norbert Steger sagte schon vorher, zwei Sozialdemokraten hätten ihm dies bestätigt. Einer war Alfred Stroer, ein leitender ÖGB-Sekretär, und der andere war Heinrich Keller, zu jener Zeit Generalsekretär der Sozialdemokraten. Jörg Haider soll versucht haben, im Gespräch mit dem Bundeskanzler herauszuhören, dass die Koalition nicht gekündigt wird. „Du und ich, zwei Dynamische, wir könnten etwas bewegen…“ So lautete damals Jörg Haiders Ansage an den Bundeskanzler. Tatsächlich hat Jörg Haider unmittelbar nach dem Parteitag das neue Parteipräsidium den Beschluss fassen lassen, dass die Koalition mit den Sozialdemokraten fortgesetzt wird. Die Ereignisse purzelten in jener Nacht im Innsbrucker Kongresshaus wohl etwas durcheinander. Norbert Steger war nach seiner Abwahl in der Nacht vom 13. auf den 14. September Zeuge, wie Harald Ofner den Parteitag vorzeitig verlassen hat – in Richtung Wien und im Auftrag des neuen Obmannes Jörg Haider. Haider begleitete seine Kandidatur mit der Bemerkung, es sei dies die „stärkste und fürchterlichste Kampfansage für die beiden anderen Parteien“, gleichzeitig aber legte er ein Bekenntnis zur Koalition ab. Es war eine Art Generalprobe des neuen Chefs der Blauen für sein späteres Agieren bis in die Gegenwart. Der Parteitag zeige den Aufbruch der Parteibasis gegen die Lenkung von oben. Eine innerparteiliche Demokratie erfordere den Mut zur Auseinandersetzung mit offenem Visier. Innsbruck 1986 als Uraufführung von Knittelfeld im Jahr 2002?

Der klare Sieg von Jörg Haider beim Innsbrucker Showdown hat schlagartig innenpolitisch alle Karten neu gemischt.

Harald Ofner hat noch 20 Jahre danach die Stimmung lebendig vor Augen: „Im Saal vermischten sich unterschiedliche Stimmungen. Reinhard Gaugg und der Onkel von Uta Fabel trugen den Jörg auf ihren Schultern durch die Menge. Grabher-Mayer (Stegers Generalsekretär) kollabierte, Erschen (Bundesgeschäftsführer) trat noch in jener Nacht aus der Partei aus. Alle waren angesoffen. Die einen aus Begeisterung, die anderen aus Verzweiflung.“

Harald Ofner war zu jenem Zeitpunkt Haiders Beauftragter zur Rettung der Kleinen Koalition. Er begann verzweifelt herumzutelefonieren. Kein Regierungsgenosse war zu dieser späten Stunde erreichbar.

Ofner: „Mein Gott, war das ein Stress, es gab ja keine Handys. Es war schon Mitternacht und ich bekam niemanden ans Telefon. Dann hat mir jemand gesagt, Vranitzky sitze im Burgenland und tarockiere mit Sinowatz. Endlich. Ich erreichte den Bundeskanzler und konnte mit ihm reden. Ich sagte zu ihm, ‚der Obmannwechsel kann doch kein Grund sein, die Koalition zu beenden'. Vranitzky darauf: ‚Dann frag den Haider, ob er in die Regierung will.' Ich fragte Haider: ‚Willst du?' Darauf Haider, er wolle nicht Minister werden. Ich hab das Vranitzky ausgerichtet und der sagte, ‚na gut, reden wir morgen weiter, wir sehen uns ja eh in der Kirche' …"

Die Kirche, die der Bundeskanzler meinte, war der Wiener Stephansdom. Es war auch keine Einladung zum gemeinsamen Koalitions-Beten. Der Anlass war die Amtseinführung des neuen Wiener Oberhirten Kardinal Hans Groer.

Harald Ofner setzte sich ins Auto und fuhr zu sehr später Stunde nach Salzburg. Dort konnte er, obwohl es ein Sonntag war, ein Steirer-Trachten-Gewand für den Kirchenbesuch auftreiben. Dann kaufte der Justizminister ein Flugticket nach Wien. Es war der 14. September, Harald Ofner machte sich nach der Landung in Schwechat auf den Weg zum Stephansdom. Er weiß es noch ganz genau: „Ich saß in der ersten Reihe neben dem Bundeskanzler. Drei Stunden lang redete ich mit ihm. Ich drängte auf die Fortsetzung der Koalition." Das „Stephansdom-Gespräch" endete ergebnislos.

Nun zu den Erlebnissen des eben abmontierten Norbert Steger. Sein Bericht über die Stunden nach den Innsbrucker Turbulenzen: „Nach meiner Abwahl Samstag nacht habe ich den Parteitag verlassen. Es war auch definitiv meine letzte Teilnahme am Parteileben. Ich habe am Sonntag auch nicht mehr am Parteitag teilgenommen." Der Abgewählte fuhr nach Wien, ging zur Parteizentrale und kopierte alle Finanzunterlagen. Steger: „Ich wusste, dass man in dieser Hinsicht im Nachhinein noch geschädigt werden kann." Steger kopierte sieben Stunden lang – es war das letzte Mal, dass er sich in den Räumen der Freiheitlichen Partei aufgehalten hat. Der Noch-Vizekanzler besuchte Franz Vranitzky in dessen Privatwohnung. Der Bundeskanzler sprach sofort Klartext und beendete in diesem Vier-Augen-Gespräch alle Spekulationen: „Norbert, es bleibt dabei, die Koalition ist aus."

Norbert Steger hatte schon seinen Rücktritt formuliert. Vranitzky habe ihn Hände ringend gebeten, von der Demissionierung Abstand zu nehmen. „Warum?“, fragte der Vizekanzler. Der Bundeskanzler: „Ich habe mit dem Bundespräsidenten gesprochen und der hat mir zu verstehen gegeben, dass er bis zur Wahl keinen neuen Vizekanzler angeloben wird.“

Franz Vranitzky, der drei Monate zuvor Sinowatz als SPÖ-Kanzler abgelöst hatte, beendete die Koalition und schrieb Neuwahlen aus. Für Norbert Steger fand sich in der FPÖ kein Platz mehr, er schied Ende Dezember 1986 aus den Reihen der Abgeordneten und Jänner 1987 auch als Vizekanzler und Handelsminister aus. 1993 trat er aus Protest gegen Jörg Haider aus der FPÖ aus. Er setzte seine Karriere als Rechtsanwalt fort.

Den politischen Stress gibt es nicht mehr im Alltag des Norbert Steger. Das ist eigentlich alles lange her. Im August 2001 musste er noch einige hässliche Schlagzeilen verdauen, es ging um angebliche Immobilien-Verlust-Geschäfte in der Karibik. Heute gibt sich der ehemalige Vizekanzler abgeklärt, aber zu Jörg Haider fallen ihm doch immer wieder Geschichten ein. Und er kann das „Politisieren“ natürlich nicht lassen. Seine Haltung: Ich habe es gewusst und Recht behalten. Norbert Steger gefällt sich vor allem in seiner Analyse, wonach Jörg Haider zweimal die politische Situation falsch eingeschätzt habe. Nach dem Innsbrucker Parteitag habe er nicht geglaubt, dass ihm Franz Vranitzky den Stuhl vor die Tür setzt und 16 Jahre später habe Jörg Haider seine zweite persönliche Niederlage einstecken müssen. Er glaubte nicht, dass Wolfgang Schüssel Neuwahlen ausrufen werde. Weder Franz Vranitzky noch Wolfgang Schüssel täuschten Jörg Haider, vielmehr täuschte der sich in ihnen. Noch vor dem Knittelfelder „Ereignis“ trafen Schüssel und Haider einander zu einem vertraulichen Vier-Augen-Gespräch. Der Bundeskanzler sagte offen: „Wenn deine Leute in meiner Mannschaft zurücktreten, dann gibt es Neuwahlen.“ Wieder dachte Jörg Haider, ach, der traut sich das nie …

Wie es weiterging

Die Farbe Blau
Kärnten und Jörg Haider
Leseproben

Was nach Innsbruck geschah: Jörg Haider sitzt fest im blauen Sattel. Die Farbe Blau überlagert allmählich Rot und Schwarz. Noch ist Grün nicht sichtbar, aber das wird sich bald ändern. Jörg Haider erscheint auf der Bundesbühne.

Die Delegierten von Innsbruck haben wohl auf das richtige Pferd gesetzt. Applaus, wo auch immer der Jörg danach auftrat. Die Blauen haben ihren „Führer" entdeckt – und auch die österreichischen Wähler.

23. November 1986. Nationalratswahl. Franz Vranitzky wollte sie. Das Ergebnis: Die FPÖ zieht mit 18 Abgeordneten in den Nationalrat. Vorher waren es 12 Mandatare. Angeblich hätten die Blauen mit Norbert Steger nur drei bis vier Prozent erreicht. Wahr ist: SPÖ und ÖVP brachen ein. Nur die Grünen machten damals von sich reden. Sie erreichten aus dem Null-Stand heraus 8 Mandate im Nationalrat.

Am 15. Dezember 1986, dem Null-Jahr der neuen blauen Zeitrechnung, zieht Jörg Haider als Klubobmann seiner Fraktion in den Nationalrat ein. Die Meinungsforscher orten für die Blauen ein Wählerpotential von 12 bis 15 Prozent. Wo immer in jener Zeit in Österreich gewählt wird, die Wähler entdecken die Farbe Blau. Jörg Haider meldet sich in jener Zeit zum Geschichts-Unterricht bei Bundespräsident Kurt Waldheim. Die erste historische Korrektur. Jörg legt ein Bekenntnis zum „Vaterland" Österreich ab. Die hässliche Sache mit der „Nation als ideologische Missgeburt" ist vom Tisch. Diese tätige Reue begab sich am 14. September 1988 in der Hofburg. Das war Jörg Haiders erster geschichtlicher Waschgang in eigener Sache. Das Wahljahr 1989 brach an.

Jörg Haider startete seinen politischen Marathon – und er hielt ihn zehn Jahre durch – bis zum blauen Triumph 1999.

Was das Jahr 1989 so lehrreich macht, ist der mediale Gleichklang zum Kärntner Wahlklang 2004. Eine Uraufführung der Gegenwart. Auch damals im März. Landtagswahlen in Kärnten, Salzburg und Tirol. Auf dem Prüfstand stand, wie sollte es anders sein, die Regierungskoalition auf Bundesebene. Um wen ging es? Klar: Um Jörg Haider. Die Akteure sind älter geworden. 1989: Jörg Haider 39 Jahre, Yuppie, Pfeifenraucher. 2004: Jörg Haider 50 plus.

Es ist noch gar nicht lange her, da wurde Jörg Haiders Büro in Wien ausgeräumt. Von allen Akten befreit. Ein Fan behält sich ein Souvenir. Es trägt den Titel „Die letzten 80 Tage". Eine Sammlung aller Medien-Berichte über Jörg Haider im Jahr 1989. Vom 12. März, dem Datum des Kärntner Wahltags, bis zum 31. Mai, dem Tag von Haiders Kür zum Kärntner Landeshauptmann.

Rückmeldungen

Es ist immer wieder verblüffend, wie aktuell sich alte Zeitungsberichte lesen – man könnte sie als innenpolitische Zeitreise in die Gegenwart verkaufen.

12. März 1989. Der so genannte Superwahltag. Die Blauen in Kärnten, Salzburg und Tirol können mit dem Votum der Wähler gut leben. Die FPÖ verdoppelt ihren Stimmenanteil in Kärnten. Sie schießen buchstäblich von 5 auf 11 Landtagsmandate hoch.

Die Leseproben aus jener Zeit:

„Kurier": „Supersonntag: FP-Gewinn ist Alarmzeichen für Koalition".

Ernst Trost in der „Kronenzeitung": „Jörgl im Glück".

Helmut Kukacka, damals ÖVP-Generalsekretär, im Partei-Pressedienst: „Die ÖVP wird die klare Niederlage bei den Landtagswahlen in Salzburg, Tirol und Kärnten schonungslos analysieren und auch die notwendigen Konsequenzen ziehen." (13. März 1989)

Man könnte es so sagen: Die FPÖ stürmte damals die politischen Charts: Sie legte in Kärnten 13 Prozent zu, die ÖVP verlor 7,3 Prozent, sackte auf Platz 3 ab. Die SPÖ verlor die Absolute (Minus 5,7 Prozent). Tirol: Die Volkspartei verlor 15,9 Prozent, hielt bei 48,7 Prozent, ein so genanntes „historisches Tief". Salzburg: Die Blauen gewannen 7,6 Prozent, SPÖ und ÖVP büßten Stimmen ein.

Auszug aus den Kommentaren:

Heinz Stritzl in der „Kleinen Zeitung“: „Jetzt besteht die Chance für einen neuen Anfang. Die Dämonisierung des Jörg Haider erwies sich als Bumerang.“

Im „Standard“: „Sieg Haiders auf fast allen Linien/Mock stark geschwächt/Vranitzky mit blauem Auge davongekommen.“

Christoph Kotanko (Kurier, 13.3.89): „Wo Haider recht hat... Solange hier die Großparteien nicht glaubwürdig Reformen durchführen, hat Haider seine Klientel.“

Schon lässt Jörg Haider eine General-Botschaft von der Leine. „Bin nach allen Richtungen offen...“ Die Meinungsforscher, ein nicht mehr wegzudenkender Teil des öffentlichen Vermutungs-Gewerbes, finden heraus, dass Jörg Haider „bei den Frauen am besten ankam“. Ein Bild fällt auf, es sollte wohl dokumentieren, warum der Jörg damals der politische Liebling der Frauen war: Er küsst seine Frau Claudia.

Die Meinungsforscher weiter:

Ernst Gehmacher, IFES-Institut: „Haider sei der einzige Politiker in Österreich, der auf die Interessen sehr vieler Gruppen gleichzeitig eingehen könne. Diese Vielzahl von Interessen sei ansonsten innerhalb einer Partei kaum unter einen Hut zu bringen.“

Peter Ulram, Fessel-GfK-Institut: „Der Wähler habe die Großparteien und bestimmte Politikertypen gründlich satt ... der populistische Akteur Haider könne diese Stimmung mit seiner enormen Wirksamkeit in der Öffentlichkeit ideal umsetzen. Er, Haider, sei im Auftreten – als einziger in Österreich – ein amerikanischer Politiker.“

Einer, der sich seit Jahren mit Vergnügen publizistisch in die Blauen verbeißt, ist Michael Frank, Wien-Korrespondent der „Süddeutschen Zeitung“. Michael Frank schrieb damals:

„Der grandiose Sieg der so genannten Freiheitlichen dokumentiert zu einem gewissen Teil die neue Zuversicht alter nationalistischer und reaktionärer Volkstümler. Wichtiger – und im Wählerstrom gewiss viel gewichtiger – ist aber das vieltausendfache ‚Ja‘ zur Entpolitisierung der Politik und zur Einführung der Gesinnungslosigkeit als Denkschema und Parteiideologie. Haider und seine Leute haben einen weltanschaulich völlig losgelösten, nur an Einzelfragen orientierten Wahlkampf geführt, der weder nach ideologischen Identifikationen suchte noch sie vermied, wenn sie nur nützlich waren. In Österreich ruft man jetzt zum Kampf gegen den Haider-Rechtsradikalismus. Dessen wirkliche Strategie ist aber noch gefährlicher: Nämlich die Nützlichkeit der Argumente und die Macht an sich für beliebig zu erklären. Für so beliebig, dass sie im Zweifelsfall auch auf demokratische Legitimation verzichten kann." Michael Frank, der „SZ"-Mann in Wien, begleitete Jörg Haider und seine Blauen bis in die Gegenwart als eine Art publizistischer Seismograph des „blauen Populismus" in Österreich.

Seit Jörg Haider auf der innenpolitischen Bühne steht, kümmert sich die ausländische Presse – natürlich nur bei Wahlen – um die politische Befindlichkeit in Österreich. Ein Feedback aus Frankreich in Jörg Haiders erstem politischen Karriere-Jahr: „Austro-alpiner Cousin Le Pens", vom Frankreich-Korrespondent der „Arbeiter-Zeitung" zitiert in „Le Monde" am 15. März, zwei Tage nach den Wahlen.). Die „Libération" konstatiert ein „Erdbeben" in Österreichs Innenpolitik.

Die folgende Schlagzeile grenzte damals schon an Hellseherei. Der „Standard" am 16. März 1986: „Haider treibt ÖVP in Zerreißprobe/Der Todestrieb der Kärntner ÖVP."

Der „Krone"-Staberl, auf dem Zenit der Populismuswelle: „Der Haider-Jörgl darf sich freuen. Mit solchen selbstmörderischen Wahlanalysen von blindwütigen Parteisoldaten werden wohl auch seine nächsten Wahlsiege gesichert sein."

Günther Nenning meldet sich auch zu Wort: „Haider spricht immer von Altparteien. Er hat rechter, als er denkt."

Zwischendurch die klassischen Warnungen: „Kanzler warnt ÖVP (in der Koalition) vor Bündnis mit Haider. SP warnt VP vor Pakt in Kärnten."

Das sind 15 Jahre alte Leseproben, ausgesucht für den Leser in der Gegenwart 2004. Man erkennt: das alte Stück, die Darsteller wechseln, aber nicht die Texte.

Beispiele? „Kukacka warnt Kärnten vor Koalition mit Haider. Haider warnt ÖVP vor dem Verrat am Wählerwillen. Aufstand der Jungen ÖVP: Haider als Landeshauptmann eine Katastrophe" (Kleine Zeitung).

Pippi Langstrumpf, Jörgl und die Kraft der Sterne

Eine gewisse Madame Ulli alias Agnes Eisendle tritt am 22.3.1989 auf die Medien-Bühne: „Oft zu Gast sind bei mir Funktionäre der FPÖ und lassen sich Tipps geben. Schon im Vorjahr erkannte ich in den Sternen die Vorverlegung der Kärntner Landtagswahlen und deren erfolgreichen Ausgang für Jörg Haider." Jetzt, im Jahr 2004, da gab Madame Ulli keine Klopfzeichen.

Nach den Astrologen, wie immer, die Verhaltensforscher. Textprobe gefällig? „Nicht was Jörg Haider sagt, sondern wie er es tut, macht den neuen Mythos aus."

Einer aus dieser Gilde, Robert Hytha, schrieb damals: „Die Leute haben bei Haider das Gefühl, dass er sich um sie sorgt – im Gegensatz zu anderen Politikern, die mehr auf sich selbst schauen – aber nicht als Vater, sondern mehr als großer Bruder. Er vermittelt den Leuten den Eindruck, dass sie sich über ihn selbst artikulieren können, so dass sie sich auch selbst wählen, wenn sie ihn wählen. Die Leute als Wähler haben sich selbst zu ihrem Sieg verholfen, indem sie ihn wählten. Und tatsächlich geht es seinen Wählern gar nicht so sehr darum, dass er etwas tut, sondern dass er stellvertretend für sie (die sie ja nie vorkommen bei den Funktionären und Parteibeamten) es den Machthabern hineinsagt... Er spricht frech aus, was andere immer schon gedacht, aber nie zu sagen gewagt haben – man könnte das den ‚Pippi-Langstrumpf-Effekt' nennen." Schließlich wird dem obligaten „blauen Schal" noch eine liturgische Funktion nachgesagt.

Wortmeldungen aller Art

Am 28.3.89 taucht – unvermeidlich – Helmut Zilk, damals Wiens Bürgermeister, auf: „Haider nicht ausgrenzen." Der Bürgermeister hält langfristig auch eine Koalition mit der FPÖ für möglich. Franz Vranitzkys Echo vom Ballhausplatz: „Zilk kann ja Haider als Vizebürgermeister anheuern." Am 30. März will Jörg Haider Alois Mock zum Bundeskanzler machen (Die Presse).

Dann kommt die Phase, in der jede Partei jede vor Jörg Haider warnt. Schließlich erklärt Haider Vranitzky zum Hauptgegner der FPÖ. In diesem Punkt sind Haider und Vranitzky einander zehn Jahre lang „treu" geblieben.

Eine kurze Medienperiode lang räsonieren Josef Cap, Peter Michael Lingens und Alfred Worm über die Haiders „Lernfähigkeit".

Es zieht sich und die Tage werden mit „Geheimplänen" gefüllt. Die „Krone": „Geheimplan soll Wahl Haiders zum Landeschef von Kärnten verhindern".

Unterdessen (20. April, Volksblatt) droht „SPÖ ÖVP mit Neuwahlen, wenn Haider Landeshauptmann wird". Und der damalige Vizekanzler und ÖVP-Chef Josef Riegler: „Ich lasse mir Kärnten nicht anhängen." Josef Taus: „Ein Landeshauptmann Haider ist nicht mein Wunsch." Dann klingen die Neuwahl-Drohungen ab. „Ein Landeshauptmann Haider ist für Vranitzky kein Grund für Neuwahlen", titelt die „Krone".

Jörg Haider, der politische Figaro, qui und qua, in allen Nachrichten. Er gebärdet sich als politischer Kommissar der südlichen Provinzen. Da taucht Peter Sichrovsky in der holländischen Zeitung „Elsevier" in Form einer Wortmeldung auf. „Ich habe keine Angst vor Haider. Der Mann ist kein neuer Hitler, wie allzu bequem geurteilt wird. Er ist kennzeichnend für die achtziger Jahre. Ein gut aussehender junger Mann, der sich im Fernsehen ausgezeichnet macht. Kein Nazi, kein Faschist. Ich habe ihn noch nie bei antisemitischen Äußerungen ertappt. Ich stimme zu, er wendet sich gegen Ausländer, gegen die slowenische Minderheit in Kärnten beispielsweise, aber das tun die Sozialdemokraten im Lande alle seit 1946, so lange sie dort an der Macht sind … Haider macht süchtig, das ist das Problem. Nett und fein wie das amerikanische Fastfood. Jeder weiß, dass es nicht gut ist und doch wird er ständig populärer."

Schicksalhafte Szenen im Jahr 1989. Flughafen Wien-Schwechat. Sichrovsky begegnet Haider. Beide irgendwie auf der Durchreise. Sie werden einander vorgestellt. Sichrovsky sagt plötzlich, dass er Jude sei. Darauf lässt Haider wissen, stolz zu sein, als erster Kärntner Politiker Israel besucht zu haben. Sichrovsky sagte einmal, er werde für immer aus Österreich weggehen, falls Haiders FPÖ die zweite Partei werden sollte. Nach der Begegnung mit Haider: „Nun weiß ich es nicht mehr."

Jahre später, Haiders Blaue waren zweite politische Kraft in Österreich, da kehrte Peter Sichrovksy mit Leib und Seele in Haiders politischen Fastfood-Schuppen ein – als Generalsekretär.

Schnitt. Alles gesagt, das Gesagte dementiert und jeden Tag politisch neu angerührt. Es ging damals um die letzten Rituale um die Wahl des Landeshauptmannes. Melancholischer Tenor im publizistischen Anti-Haider-Lager: „Besser Landeshauptmann als Märtyrer." Vranitzkys Resignation: „Den gibt es jetzt, der ist da in seiner Art erfolgreich – jetzt müssen wir auf unsere Art ebenfalls erfolgreich sein."

Am 8. Mai ist es soweit: Die schwarz-blaue Koalition in Kärnten steht. Einige wenige bezeichnen dieses Abkommen als „Bruch mit der demokratischen Tradition". Jörg Haider wird am 30. Mai zum Landeshauptmann gewählt. Mit den Stimmen der ÖVP.

Die medialen Artisten begannen erwartungsgemäß mit Spekulationen über die weitere politische Karriere des Jörg Haider zu jonglieren. Das hörte sich dann so an: „Vom Landeshauptmann an die Spitze von ganz Österreich?" „Kandidatur für das Bundeskanzleramt in Wien reale Utopie." „Hält Haider, was er verspricht?" Die blaue Draufgabe: „Haider will Kärnten zum Modell für Österreich machen."

Natürlich gab es auch die Berufs-Mahner: „Haider ist ein Nationalpopulist (und zwar der erste und einzige in Westeuropa, der es in eine solche Position gebracht hat). Er hat in manchem Recht, aber er hält sich weder von Anklängen an die NS-Mentalität noch von krasser Demagogie und aggressiven Drohungen frei. Ein Österreich, in dem Haider eine führende Rolle spielt, würde dementsprechend aussehen. Zu weit vorausgedacht? Vielleicht. Aber klugerweise sollte sich jeder schon heute fragen, ob ihm eine solche Entwicklung gefallen würde" (Hans Rauscher im „Kurier" vom 31. Mai 1989, einen Tag nach Haiders Angelobung).

In Wien war es im Mai 1989 bitter kalt und regnerisch, als die SPÖ zum Tag der Arbeit rief. In Mallorca sonnte sich damals Altbundeskanzler Bruno Kreisky auf der Terrasse seines Hauses – mit Blick auf die Bucht von Palma. Kreisky sinnierte über die politischen Vorgänge in Kärnten: „Ich will niemanden diabolisieren, auch den Herrn Haider nicht. Man soll aber vorsichtig sein mit solchen Experimenten. Ich bin der Meinung, dass man den Menschen in Österreich sagen müsste, dass es in der ganzen Zweiten Republik ein Gebot der Demokratie war, dass die stärkste Partei das Recht auf den ersten Mann hat. Man kann nicht einfach addieren. Das kann Folgen haben. Ich weiß nicht, ob die Kärntner Genossen das der ÖVP und FPÖ mit genügender Deutlichkeit gesagt haben."

Die blaue Periode

Das waren die schrillen Neunziger
Stammeskämpfe

Die Neunziger waren politisch eine ziemlich schrille Periode. Intern wurden die Freiheitlichen von Stammeskämpfen gebeutelt. Die wichtigsten innenpolitischen Wegmarken:

Jörg Haider genießt die Droge Macht. Die Partei ist ihm hörig. Unter 97 Prozent Zustimmung verlässt er keinen Parteitag. Auch die Wähler laufen scharenweise zu den Blauen über. So am 7. Oktober 1990, bei den Nationalratswahlen. Die FPÖ erhöht ihren Mandatsstand im Nationalrat von 18 auf 38 Mandate. Jörg Haiders Gefolgsleute propagieren den „permanenten Wahlkampf gegen die Altparteien".

Ein Jahr später, 1991, kommt es zum ersten Knick in der politischen Karriere des Jörg Haider. Er wird am 21. Juni im Kärntner Landtag gestürzt. Das führt zum ersten Stammeskampf innerhalb des blauen Lagers.

Am 4. März 1992 wird Haiders Kampfgefährte Norbert Gugerbauer in die Wüste geschickt. Er muss den Chef-Sessel im blauen Nationalratsklub für den nun politisch arbeitslosen Jörg Haider räumen. Ende 1992 wird die erste gröbere Polarisierung der Innenpolitik inszeniert. Es geht um das Volksbegehren „Österreich zuerst".

Das Jahr 1993: Schon im Frühjahr kracht es erneut im Gebälk der Blauen und ein neuer Stammeskampf bricht aus. Heide Schmidt spaltet sich mit fünf Abgeordneten von der FPÖ ab. Sie spricht die politische Scheidung von ihrem Mentor Jörg Haider am 4. Februar 1993 in dessen Büro aus. Die FPÖ isoliert sich im Ausland. Sie macht aus der Anerkennungs-Not eine Tugend und verlässt am 8. Juli die „Liberale Internationale".

Die Briefbomben radikalisieren die öffentliche Meinung im Jahr 1994. Man registriert einen beträchtlichen publizistischen Aufwand, die Blauen mit diesen damals mysteriösen Vorgängen in Verbindung zu bringen. Dennoch: Die Wähler laufen bei den

Nationalratswahlen am 9. Oktober 1994 erneut in Scharen von den „Altparteien“ weg zu den Blauen. Schon über eine Million Österreicher votieren für Jörg Haider. Der Mandatsstand der FPÖ im Nationalrat steigt wie ein politisches Hochwasser an: von 33 auf 42 Sitze.

Das war die kurze Chronik der Ereignisse. Hier folgt nun wieder eine Art politische Obduktion jener Ereignisse mit Befunden, ausgestellt von den Mitwirkenden.

Die österreichische Politik beschäftigt sich mit einem einzigen Mann: Jörg Haider. Tapfer behaupten Politiker und Journalisten, es gehe gar nicht um Jörg Haider, sondern um Inhalte. Das ist es: Jörg Haider ist als Person zum Inhalt geworden. Für seine Gegner war es klar: Der Mann ist gefährlich, sein Stil unerträglich. Seine Position interessiert nicht, nur, dass er sie einnimmt.

Nehmen wir das helvetische Pendant Christoph Blocher. Bei ihm müssen die Leute mitdenken, bei Haider nicht, behaupten Schweizer Kolumnisten: „Das Primitive habe seinen Reiz.“ Jörg Haider – der Dieter Bohlen dieses Landes? Unterschiedlich unterhaltsam.

Jörg Haider und seine Blauen waren in den neunziger Jahren Komplizen all jener Kräfte, die vorgaben, den Wandel anzustreben, zugleich aber davor zurückschreckten.

Die Politiker beschworen ihre Mitte, aber die Journalisten, zugänglich für Zitate, hatten lieber ein Interview mit Jörg Haider im Blatt. Überfliegt man die heimischen Geschichten und Home-Stories in jenen Zeiten, könnte man glauben, es existiere ein eigenes Ressort namens Jörg Haider. Auf seine Sprüche war nicht nur das Aschermittwoch-Publikum heiß, vor allem die Journalisten fuhren darauf ab.

Kärnten mutierte 1989 zum Schicksals-Land für jede Bundesregierung – bis herauf ins Jahr 2004.

Das erste „Bin-schon-weg“-Spiel begann nach seiner Wahl zum Landeshauptmann, als er daraufhin den Nationalratsklub in Wien in Richtung Süden verließ. Da prägte Jörg Haider einen Satz, den das Publikum immer wieder hören wird: „Ich will mich ganz meinen politischen Aufgaben in Kärnten widmen.“

Die Blauen treten in den neunziger Jahren mit den Reizthemen „Ausländer" und „Europäische Union" auf die politische Bühne. Ein Beispiel: Das Innenministerium will im März 1990 88 Rumänen im kleinen Nest Kaisersteinbruch einquartieren. Die rund 200 Einwohner gehen auf die Straße und die Blauen setzen sich auf dieses Thema drauf. „Österreich ist kein Einwanderungsland." Ein weiteres Erreger-Thema: Privilegien. Jörg Haider schießt sich auf die Arbeiterkammer ein. Das kommt bei den Wählern an, die „Anti-Bonzen-Masche" wird bei den Urnengängen in jener Zeit mit Stimmenzuwächsen honoriert.

Eine Art Karriere-Knick

Zunächst war es nur eine der üblichen polemischen Debatten, damals, am 13. Juni 1991, im Kärntner Landtag. Die Abgeordneten redeten über Missbräuche in der Arbeitslosen-Versicherung. Ein Wort gab das andere und Jörg Haider gab sein „Geschichtsbild" preis. Er glaubte wohl, seine folgende Aussage im erregten Rede-Duell mit Sozialdemokraten wäre ein in Kärnten gut platzierter Konter: „... im Dritten Reich gab es eine ordentliche Beschäftigungspolitik ..."

Für Jörg Haider brechen harte Tage an. Die Empörung über den „Ausrutscher" des Kärntner Landeshauptmannes will kein Ende nehmen. Es kommt sogar so weit, wie es bislang noch nie gekommen war: In einer Ministerrats-Sitzung der Regierung Vranitzky-Riegler wird beschlossen, der Kärntner Landeshauptmann solle zurücktreten. Die Kärntner Roten und Schwarzen inszenieren einen Misstrauensantrag gegen den blauen Landeshauptmann. Am 25. Juni 1991 wird Jörg Haider als Landeshauptmann von Christof Zernatto abgelöst.

Die Blauen werden unterdessen auch im Ausland zum Buhmann des politischen Establishments. So beschließt das Europaparlament eine politisch sehr polemische Resolution mit der Botschaft, die FPÖ sei rechtsextrem und neonazistisch.

Die Verbreitung solcher Nachrichten überstehen die Blauen ziemlich unbeschadet. Denn bei den bundespolitisch wichtigen Wiener Landtagswahlen (10. November 1991) wird die FPÖ die zweistärkste Partei im Rathaus.

Wohl zur Beschwichtigung des Auslands stimmen die Blauen am 23. Jänner 1992 im Nationalrat der Verschärfung des Verbotsgesetzes zu. Unmut in den Kreisen der Nationalen. Sie sind über Jörg Haiders Mitgehen enttäuscht. „Das hat uns nichts gebracht und man hat es uns nicht gedankt."

Das Gugerbauer-Mysterium

Jörg Haider ist unterdessen ein arbeitsloser Politiker. Sein Job als Landeshauptmann von Kärnten ist weg. Es ist verständlich, dass er als Parteiobmann in Wien mitmischen will. Dafür bietet sich nur die Funktion des Klubobmannes an und diese Position hält zu jener Zeit sein Burschenschaftsfreund Norbert Gugerbauer. Doch der will sein Büro im Parlament nicht so ohne Weiteres räumen. Ein Gerücht beschleunigt unterdessen den Stammeskampf – zugunsten von Jörg Haider. Sein Kärntner Clan ist überzeugt, Gugerbauer wolle ihn mit Mautner-Markhof stürzen.

Es war dann nur noch eine Frage der Zeit. Der Druck auf den „ewigen Zweiten" in der blauen Riege wuchs. Für Norbert Gugerbauer arbeitete damals ein junger Assistent, der später noch politische Schlagzeilen machen sollte. Der junge Mann hieß Peter Westenthaler.

Er geriet in den Stammeskämpfen zwischen Norbert Gugerbauer und Jörg Haider in einen heftigen Loyalitätskonflikt. Gugerbauer war zu jener Zeit, im März 1992, der politische Chef von Peter Westenthaler. Der erinnert sich:

„Damals hat das Gerücht die Runde gemacht, da sei ein Putsch im Gange. Norbert Gugerbauer betreibe mit den oberösterreichischen Blauen den Sturz von Jörg Haider. Es herrschte eine wirklich gespannte Stimmung, Putsch gegen Haider ... dies beschleunigte wahrscheinlich die Meinungsbildung zugunsten von Haider und es war dann bald klar: Jörg Haider muss nach Wien und Klubobmann werden."

Jörg Haider inszenierte den „Brudermord" auf seine Art. Er suchte nicht das persönliche Gespräch mit seinem politischen Freund, er ließ gegen Gugerbauer in dessen Abwesenheit abstimmen und das Ergebnis über die Medien ausrichten. Peter Westenthaler dürfte damals seine erste Lektion im Umgang mit blauen Stammeskämpfen gelernt haben.

„Ich war mit Norbert Gugerbauer im Auto nach Vorarlberg unterwegs. Wir schalteten das Radio ein. In den Nachrichten hörten wir Walter Meischberger. Der teilte mit, Gugerbauer sei abgelöst worden. Er saß neben mir im Auto und stand sichtlich unter einem emotionalen Schock. Das war schon starker Tobak, die Art und Weise, wie er es erfahren hat. Mir war in diesem Augenblick klar – das war das Ende einer langen Partnerschaft und der Beginn einer politischen Feindschaft."

Um Gugerbauers Abgang herum rankten sich noch mysteriöse Andeutungen. Gugerbauer sei abgehört worden. Vor der formellen Ablöse, in einer Sitzung, habe Haider Gugerbauer gefragt, ob es stimme, dass er mit der ÖVP einen Geheimpakt geschlossen habe. Norbert Gugerbauer blieb stumm. Er hat auch Jahre danach nie ein Wort über jene Ereignisse verloren. Viele Zeugen von damals sind heute überzeugt, dieser Stammesstreit sei tatsächlich der erste Versuch gewesen, Jörg Haider ernsthaft aus dem politischen Geschäft zu drängen.

Am 10. März 1992 wird Jörg Haider Klubobmann, sein Freund Gugerbauer verlässt die politische Bühne.

Noch ein Blauer erinnert sich. Der war erst seit Kurzem Generalsekretär der Blauen und hielt sich schon damals aus solchen Machtkämpfen heraus, um selbst zu überleben. Der Mann hieß Herbert Scheibner, auch er machte später noch von sich reden. „Ich habe diese Entwicklung wirklich sehr bedauert. Es lag wohl auch an der räumlichen Trennung – Jörg Haider in Klagenfurt und Norbert Gugerbauer in Wien. Sie lebten sich auseinander und natürlich wurden auch Keile in die Beziehung hineingetrieben. Letztlich kam es zum Konflikt – und einer schied halt aus. Fehler wurden auf beiden Seiten begangen. Nun, es stimmt schon, Gugerbauer wollte nicht in die zweite Reihe. Haider aber brauchte nach seiner Abwahl in Kärnten eine bundespolitische Position."

Norbert Steger gehört auch noch zu dieser politischen Generation der Blauen. Er betrachtet das Kapitel „Gugerbauer" aus einem politisch-psychologischen Blickwinkel. Der Alt-Obmann der Freiheitlichen kennt schließlich beide Darsteller in diesem „Kronprinzen-Mord" aus einer langen gemeinsamen Geschichte. „Ich habe Gugerbauer immer als autoritär geleitet erlebt. Norbert Gugerbauer hat mit seiner Burschenschafts-Vergangenheit ja ideal in dieses autoritäre Klima hineingepasst. Dort, wo die herkommen, Gugerbauer und Haider, heißt es Silentium, alles hört auf mein Kommando, wie beim Bundesheer. Gugerbauer ist wie Haider kein Teamspieler."

Er war damals nicht mehr dabei, aber Norbert Steger erinnert sich an die wilden Gerüchte rund um Gugerbauers Abgang: „Da war vom Abhören die Rede und es kursierte hartnäckig das Gerücht, Gugerbauer habe mit der ÖVP einen Geheimpakt geschlossen. Es war schon sonderbar und vielleicht spielte das eine Rolle, Haider und Gugerbauer haben in Wien in einer Wohnung gewohnt. Da können halt Ängste entstehen – die zur Scheidung führen."

In den Partei-Akten existieren Aufzeichnungen. Denen zufolge drohte Haider seinem Burschenschafts-Freund Gugerbauer mit einem Parteitag, falls er die Funktion des Klubobmannes nicht preisgeben wolle. Steger glaubt, dass Norbert Gugerbauer dieses Risiko nicht auf sich nehmen wollte.

Die Blauen und die Ausländer

Stichtag 10. November 1992. Die Blauen entschließen sich zu einer Aktion, die heftige emotionale Wirbel in der Innenpolitik auslöst. Die FPÖ legt ihren 12-Punkte-Plan zur Ausländerfrage vor und inszeniert ein Volksbegehren. Am 1. Februar 1993 liegt das Ergebnis vor: 417 278 Unterschriften. Jörg Haider: „Großartige Leistung mutiger Bürger". Das politische Unternehmen „Österreich zuerst" radikalisierte die politische Landschaft. Es trug aber auch schon den Keim einer personellen Spaltung in sich. Die Hauptrolle spielte Heide Schmidt. Noch war sie ein Darling von Jörg Haider.

Norbert Steger steuert Heide Schmidts politische Vorgeschichte bei. „Ich kenne Heide Schmidt eigentlich seit ihrem achtzehnten Lebensjahr. Ich habe sie in die Hochschulpolitik gebracht. Dann holte ich sie in die Wiener Landesleitung. Mein Grundsatz war aber: Wer bei mehr als der Hälfte der Sitzungen fehlt, kann keine Funktion haben. Wer die Gremien nicht besucht, kann nicht mitwirken, was mir bei der Heide Schmidt Leid getan hat – aber ich habe auch die Anti-Liberalen auf diese Bestimmung aufmerksam gemacht. Jörg Haider holte sie sich dann. Damals aus vordergründigen Motiven – er wollte einfach möglichst viele Steger-Leute an sich binden. Heide hat sich von ihm verwenden lassen. Aber Susanne Riess-Passer, daran kann ich mich noch gut erinnern, die hat alles unternommen, um die Schmidt loszuwerden."

Das Ausländer-Volksbegehren sei für Heide Schmidt nur ein Vorwand gewesen, die Blauen zu verlassen. „Sie hat das Volksbegehren zu Beginn sogar noch mitgetragen“, sagt Herbert Scheibner, der damals auch eine treibende Kraft dieser Kampagne war.“ „Wir haben wirklich viel diskutiert, und die Drittel-Regelung in den Schulklassen (Ausländer-Anteil), das war doch für Heide Schmidt nur ein Vorwand.“

„Ich glaube noch heute, das Volksbegehren war keine politische Bruchlinie. Die Inhalte waren in Ordnung und sie haben der FPÖ über Jahre hinweg das Profil gegeben. Das war keine ausländerfeindliche Richtung. Aus meiner Sicht war das in Ordnung. Rückblickend war das Volksbegehren politisch für uns erfolgreich. Mein zweites Erlebnis, das war die beinharte Gegen-Kampagne. Sie hat die Innenpolitik extrem radikalisiert. Natürlich hatten SPÖ und ÖVP parteipolitisch Angst, sie mussten zur Kenntnis nehmen, dass wir alle wichtigen Themen besetzt hielten.“

Wenn man heute mit Herbert Scheibner über dieses Thema spricht, dann bekommt man das Gefühl, er redet sich etwas ein und er pocht auf die Rechtfertigung, wonach die FPÖ mit ihrer Ausländerpolitik verhindert habe, dass rechtsradikale Gruppen Protest-Stimmen an sich ziehen konnten – wie das damals in Deutschland der Fall war. „Jene, die eine Lösung wollten, die hatten mit der FPÖ doch einen demokratischen Partner.“

Einer, der damals auch schon dabei war, wenn auch nicht in der vordersten politischen Linie, war Peter Westenthaler. Er interpretiert die Ausländerpolitik der Blauen nicht unbedingt aus einer politisch-moralischen Ecke, er hat einen ziemlich pragmatischen Zugang zu diesem stets umstrittenen Thema. „Ja, es war damals schon eine schlimme Polarisierung. Aber was hatten wir nicht schon schlimme Krisen aller Art überstanden, die Krise mit Jörg Haiders ‚ordentlicher Beschäftigungspolitik‘, die ‚Missgeburt der Österreichischen Nation‘ – das war alles, glauben Sie mir, ziemlich anstrengend. Da mussten wir auch durch. Und es ging uns in der Ausländerfrage nicht so sehr um das Volksbegehren, sondern darum, wie viele bei den Wahlen das Kreuzerl bei der FPÖ machen. Natürlich war das Volksbegehren eine Geschmackssache, aber ein großer Schritt auf der Erfolgsleiter der FPÖ.“

Wenn Peter Westenthaler sich heute in jene Zeit zurückversetzt, dann schwingt so etwas wie ein trotziger Unterton mit. „Wir waren damals so isoliert und wir wurden politisch geschnitten, da war das alles wurscht. Und nur wenige Monate später, da gab uns der Wahlerfolg doch Recht."

4. Februar 1993: Heide Schmidt verlässt ihre „blaue Familie". In ihrem Schlepptau die Nationalratsabgeordneten Klara Motter, Friedhelm Frischenschlager, Hans Helmut Moser und Thomas Barmüller.

Nachdem ihm sein Chef Norbert Gugerbauer abhanden gekommen war, musste Peter Westenthaler zum neuen Klubchef Jörg Haider wechseln. Zum Abgang von Heide Schmidt hat Westenthaler noch ein Erlebnis in Erinnerung. „Es war der Tag, an dem Heide Schmidt ihr Vorgehen publik gemacht hat. Ich kam in den Klub, 8 Uhr früh, um mit Jörg Haider beim Arbeits-Frühstück die nächsten Aktionen zu besprechen. Ich wollte gerade ins Obmann-Büro hineingehen, da hält mich die Sekretärin zurück. ‚Peter, net einigehn, ganz arg, die Schmidt ist drinnen beim Chef.' Die Heide Schmidt kommt raus, ich geh hinein. Da saß der Jörg, ziemlich ratlos. ‚Sie hat mir eben gesagt, dass sie mit fünf Leuten geht und eine eigene Partei macht.' Da hamma uns sprachlos ein paar Minuten angeschaut. Dann ging es los."

Heide Schmidts Bruch mit den Blauen, vor allem mit Jörg Haider, das sei mit Sicherheit eine der schlimmsten Krisen der Freiheitlichen gewesen. Der Schock muss damals tief gewesen sein. Doch erstaunlicherweise hat es der FPÖ nicht geschadet. Weder in Umfragen noch bei den nächsten Wahlen.

„Das lag daran", und ein nostalgischer Stolz kommt in Peter Westenthaler hoch, „dass wir in jener Zeit bis ins Jahr 2000 ein krisenfestes Team waren. Wir haben viele Rückschläge hinnehmen müssen, aber zusammengehalten haben wir, egal was da passierte."

Im Ausland hatten die Blauen kaum noch Freunde. Im Inland aber können die Blauen am 16. Mai 1993 – ungeachtet der Existenz des „Liberalen Forums" – bei den Landtagswahlen in Niederösterreich von 9 auf 12 Prozent zulegen.

Was mit dem „Liberalen Forum" in seiner eher kurzen Geschichte geschah, das analysiert der damalige Sympathisant

Norbert Steger: „Es stimmt, ich habe Heide Schmidt bei ihren neuen politischen Gehversuchen unterstützt. Alle glaubten, ich möchte beim Forum etwas werden. Die Heide hat gar nicht wirklich begriffen, dass ihr politisch etwas geschenkt wurde, nämlich eine liberale Partei zu gründen, wie ich es mir gewünscht hätte. Sie hat sie selbst zerstört. Eine tolle Frau, aber sie ist eigentlich keine Politikerin. Sie war ein weiblicher Haider. Von Anfang an ignorierte sie liberale Grundsätze. So gab es beispielsweise eine freiheitlich orientierte Partei-Verfassung. Der Vorstand wählte die Funktionäre aus und die Mitglieder wurden ignoriert. Bischöfin Knoll, das war ja schon ein Verstoß gegen das liberale Prinzip. Kein Bischof darf in einer Staatsfunktion sein. Heide hat gegen die ‚Krone' gearbeitet. Sie hat unsinnigerweise eine zerknüllte ‚Krone' auf Plakate gedruckt – so etwas verstößt doch gegen die freie Meinungsäußerung. Sie hat auch übersehen, dass liberal zwar fortschrittlich ist, aber eben nicht in allen gesellschaftlichen Fragen."

Norbert Steger scheint wirklich traurig zu sein über das politische Schicksal des „Liberalen Forums". Heide Schmidt habe überzogen, unsinnigerweise in linken und grünen Gewässern gefischt. Steger: „Ich habe die FPÖ seinerzeit als eine fast tote Partei übernommen und ihr immerhin Leben eingehaucht. Dann musste ich zur Kenntnis nehmen, dass die FPÖ den Liberalismus als einen aufgesetzten kleinen Teil ihres politischen Spektrums betrachtet hat."

Die EU-Schlappe

Am 25. Juni 1993 fährt die Familie Haider nach Rom. Nach einem Jahr Vorbereitung steht eine Privataudienz beim Papst auf dem Programm. Schon einen Tag später sagt Jörg Haider: „Die FPÖ ist aus einer kühlen Distanz zur Kirche in eine wohlwollende Nähe gerückt."

Was hat eigentlich Karl-Heinz Grasser damals gemacht? Gerade 24 Jahr alt, betraute ihn Jörg Haider mit dem Posten des Generalsekretärs. Dort machte er sich öffentlich stark für die „Durchforstung des Privilegien-Dschungels".

Bundespräsident Thomas Klestil meldet sich zu Beginn des Jahres 1994 mit einer kryptischen Botschaft zu Wort: „Es obliegt der Entscheidung des Wählers, welche Koalition schließlich zustande kommt." Bei den Landtagswahlen in Kärnten, Salzburg und Tirol am 13. März 1994 legen die Blauen zu.

Nur einmal in den neunziger Jahren musste Jörg Haider eine wirkliche Niederlage hinnehmen. Da hörten die Österreicher nicht auf seine polemischen Ausritte gegen die EU und gegen deren Bürokratie in Brüssel. Am 12. Juni 1994: 66,58 Prozent der Österreicher stimmen für den EU-Beitritt. Dieser Zug ist für Jörg Haider abgefahren. Scheibner kommentiert das Europa-Kapitel: „Für uns war diese Abstimmung überraschend deutlich. Es gab die Sorge, dass es innerhalb des freiheitlichen Lagers Unmut über die EU-Linie gibt. Wir empfanden die EU-Abstimmung als ungewohnte Niederlage. Doch hätte man uns als Opposition in die Schlüsselfrage der Republik eingebunden, dann wäre einiges anders gewesen." Herbert Scheibner zitiert aus Aufzeichnungen: „Wir wollten mit allen Parteien einen Runden Tisch. Das wurde abgelehnt. Nein, das sei nicht möglich, hieß es. Damit hätte man Haider auf eine Stufe mit den anderen gestellt. Das wollte man nicht. Man wollte die Ausgrenzung aufrechterhalten." Herbert Scheibner verfällt bei diesem Thema in eine leicht depressive Haltung, mit staatstragendem Unterton: „In der wichtigsten Frage der neunziger Jahre, in der Frage des EU-Beitritts, hat man den nationalen Konsens bewusst aufs Spiel gesetzt, weil man Haider nicht dabei haben wollte. Das war wirklich bedauerlich – denn wir waren nicht anti-europäisch, auch in der Folge nicht."

Dennoch gab es in jenem Jahr keine Wahl, bei der die Blauen nicht zugelegt hätten. Bei der Nationalratswahl am 9. Oktober erhöhten die Blauen ihren Mandatsstand im Nationalrat von 33 auf 42. Danach konnte man in der portugiesischen Zeitung „Diario de Noticias" eine aufschlussreiche Bemerkung des Bundeskanzlers Franz Vranitzky lesen. „Ich denke, wir alle haben Haider unterschätzt, insbesondere seine Fähigkeit, die öffentliche Meinung gegen die Regierung zu mobilisieren."

Kleine „blaue Kosmetik"

Im Linzer Design-Center veranstalteten die Blauen ein bemerkenswertes Facelifting. Es war am 14. Jänner 1995, bei einem außerordentlichen Parteitag. Die FPÖ wird in „Die Freiheitlichen" (F) umbenannt. Eine „Bürgerbewegung" wird ausgerufen, für die Wähler gibt es noch den „Vertrag für Österreich" und für die Funktionäre die schon legendäre „60 000-Schilling" Einkommens-Grenze. Doch schon am 8.2.1995 verlässt Jörg Haider den Pfad der Politischen Correctness. Im Nationalrat wurde über eine Dringliche Anfrage der Grünen zum Rechtsextremismus debattiert. Jörg Haider verirrte sich wieder einmal ins Dritte Reich und nannte die KZs „Straflager". Das war auch die Zeit, in der man in den Reihen der Gegner einen fast bizarren Slalom-Kurs in der Einschätzung des politischen Wesens des Jörg Haider registrierte. So sagte Madeleine Petrovic im Magazin „Wienerin": „Ich sehe Haider nicht als Monster. Er ist ein fleißiger, cleverer Politiker, der ohne Arroganz zu den Leuten ins Bierzelt geht. Das haben die etablierten Parteien längst verlernt."

Stichtag 22. April 1995: Wolfgang Schüssel wird mit 95 Prozent zum ÖVP-Bundesparteiobmann gewählt. Schüssel, offenbar in einer Vorahnung: „Ich will mit eurer Hilfe Bundeskanzler werden."

Deutsch raus – Österreich rein: ein blauer Waschvorgang

Sommer 1995. Jörg Haider und Gäste sitzen im Salon einer bürgerlichen Altbauwohnung an der Weißgerber Lände im Dritten Wiener Gemeindebezirk. Es handelt sich um den privaten „Klub der unabhängigen Liberalen". Jörg Haider referiert im privaten Kreis über sein politisches Weltbild. Ein existiert eine Übereinkunft: Was gesagt wird, bleibt im Wohnzimmer. Jahre danach sickert durch, dass das der Abend war, an dem Jörg Haider locker auf dem Sofa seine Trennung von den Deutsch-Nationalen ankündigte. In einer privaten Mitschrift kann man Folgendes lesen. Haider sprach in dieser Runde, als ob er Kreide geschluckt hätte.

Ein Gast fragte: „Herr Dr. Haider, es muss ja für Ihre Intelligenz kränkend sein, wenn Sie ständig in die Nähe von deutschtümelnden Ritualen gerückt werden? Können Sie sich vorstellen, dass Sie sich von diesen Wählern trennen?"

Haider überlegte die Antwort nicht wirklich lange.

„Ja, ich werde mich von der Deutschtümelei trennen."

„Wie viel Prozent Ihrer Anhänger könnten dies sein?

„Ich schätze, das werden vier bis höchstens fünf Prozent sein."

Wenige Wochen danach, am 17. August 1995, sagt Jörg Haider in einem Interview mit der „Wirtschafts-Woche", „er mache sich jetzt stark für eine stärkere österreichisch-patriotische Profilierung … jedes Element der Deutschtümelei in der FPÖ müsse der Vergangenheit angehören …" Im blauen Parteiblatt serviert er dann eine mildere Version für die interne Klientel: „… Kultur- und Traditionspflege ist wertvoll. Es kann keine Rede sein, dass sich die Freiheitlichen von ihrer Tradition verabschieden …"

Jahre danach wirkt Gerulf Stix, der blaue Veteran, noch immer leicht verbittert, wenn er sich an Jörg Haiders Kehrtwende erinnert: „Ich habe es in der FPÖ erlebt, für diese Personengruppe war es eine Art Schock. Sie war nicht vorbereitet auf diese Absage. Er hat sie brüskiert, es hat die Nationalen kalt erwischt."

Aufbruch zum Endspiel

Die dümmsten politischen Jahre

12. Oktober 1995. Wolfgang Schüssel macht seine erste Erfahrung, wie man eine Regierung sprengt. Er lässt in der Koalition mit den Sozialdemokraten die Budget-Gespräche platzen. Neuwahlen am 17. Dezember 1995. Die ÖVP verliert Mandate.

Die Blauen knicken erstmals in den neunziger Jahren leicht ein. Sie verlieren zwei Mandate. Statt 42 sitzen nun 40 Abgeordnete im Nationalrat. In ihrer politischen Personalpolitik setzt die FPÖ neue Akzente. Die Losung: Bei den Blauen kann man etwas werden. Ein neues Gesicht im blauen Ensemble: der Papier-Industrielle Thomas Prinzhorn. Er überstand bis heute alle Stammeskämpfe bis und mit Knittelfeld.

Zitat aus Peter Westenthalers politischer Erinnerung: „Prinzhorn hat in der FPÖ immer eine undurchsichtige Rolle gespielt. Ich bin im Umgang mit ihm im Laufe der Zeit sehr ernüchtert worden. Er war überall dabei. Einmal hat er die Knittelfelder unterstützt, dann wieder war er ein Unterstützer von Susanne Riess-Passer. Prinzhorn schaffte es, einmal für den Sonderparteitag zu unterschreiben, und dann hat er die Unterschrift wieder zurückgezogen. Wirklich ein trauriges Kapitel."

Zwischendurch meldet sich Jörg Haider an der „Geschichtsfront" zurück. Es ging um seine Aussagen in Krumpendorf zur Rolle der Wehrmacht und der Waffen SS. „Die haben nur ihre Pflicht getan … Man soll diese Generation nicht verunglimpfen …" Die Aufforderung des Bundespräsidenten Thomas Klestil, Haider möge „die notwendigen klärenden Worte zu seinen Aussagen beim Veteranentreffen in Krumpendorf finden", beantwortet Haider mit einer Erklärung im Fernsehen. Er finde es in Ordnung, dass der Bundespräsident an alle appelliere, mit der nötigen Sensibilität an das Thema NS-Vergangenheit heranzugehen. Dem komme er nach, wenngleich es ihm schwer falle, festzustellen, was nun die Kritik sei. „Ich möchte klarstellen, dass es mir immer und ausschließlich darum gegangen ist, pauschale Verunglimpfungen einer Generation, die den Krieg durchgemacht hat, zurückzuweisen und abzuwehren, umso mehr, als diese Generation verantwortlich war für den Aufbau und den Weg in die Demokratie gefunden hat. Dieser Generation weiterhin pauschale Vorwürfe zu machen, ist ungerecht." Das war dann bislang Jörg Haiders letzte öffentliche Wortmeldung zur Vergangenheitsbewältigung.

40 Jahre FPÖ

Auf dem parlamentarischen Schauplatz spielte sich am 15. Jänner 1996 eine Szene hinter den Kulissen ab, der man eine gewisse Ironie nicht absprechen kann, wenn man sieht, dass eines der „Opfer" heute ganz vorne in der Regierung sitzt. An diesem Tag sollte der 3. Nationalratspräsident gewählt werden. Die Blauen schickten den Kärntner Tierarzt Herbert Haupt wieder ins Rennen. Er saß vorher im Präsidium der Ersten Kammer. Genüsslich erinnert sich der damalige geschäftsführende Klubobmann Westenthaler der Freiheitlichen an Details. „Die ÖVP sagte uns unverblümt: ‚Den Haupt wollen wir nicht, den wählen wir nicht.' Wir sagten dem Herbert, du, die Schwarzen wollen dich nicht. Er akzeptierte das. Nun ging es darum, das Gesicht zu wahren. Wir ließen ihn nochmals antreten. Auf der Reservebank saß schon Willi Brauneder. Der wurde schließlich als Kompromiss-Kandidat zum 3. Nationalratspräsidenten gewählt." Danach, im Kabinett Schüssel I und Schüssel II, war Herbert Haupt fast so etwas wie ein politisches Kuscheltier.

Am 12. April 1996 feiern die Blauen im Wiener Palais Ferstl 40 Jahre FPÖ in der Zweiten Republik. Bundespräsident Thomas Klestil tritt als Laudator auf: „Die FPÖ ist ein Reformbeweger, Verantwortungsträger und Kontrolleur. Undemokratisch handelt, wer anderen die Integration verweigert …"

Die Blauen marschieren weiter auf der Siegerstraße. Gewinne am 2. Juni 1996 bei den Landtagswahlen im Burgenland, am 10. Juni Gewinne bei den Wiener Wahlen. Das Reizthema: die Ausländer. Wiens Bürgermeister Häupl: „Man war in der Vergangenheit bei der Genehmigung des Zuzugs von Ausländern zu sorglos …"

Der Mann fürs Grobe

Der Vorarlberger Ewald Stadler war zu jener Zeit stellvertretender Klubobmann der Blauen im Nationalrat. Sein Crashkurs fing langsam an, innerhalb der Blauen unangenehm zu werden. Er wurde lästig, vor allem jenen, die schon damals die politische Ehe mit der Volkspartei im Visier hatten.

Beliebtheit war nicht sein Markenzeichen. Stadler dürfte zu der Zeit die wahren blauen Zeichen der Zeit nicht erkannt haben. Er wetterte im Plenum munter dahin, unterstellte dies und jenes und verbiss sich vor allem in Andreas Khol, den Klubobmann der Volkspartei. Er ignorierte zum Entsetzen des parlamentarischen Establishments alle Usancen der so genannten Diskretion bei „Abmachungen außer Protokoll". Er gab munter private Details preis, vor allem wenn er glaubte, die ÖVP wolle die FPÖ über den Tisch ziehen.

Man hat jene Episode fast schon wieder vergessen. Der ÖVP-Klubobmann verbannte die Blauen öffentlich aus dem „Verfassungsbogen". Andreas Khol war seinem parlamentarischen Widersacher Ewald Stadler in der radikalen Diktion durchaus ebenbürtig, wenn nicht sogar wesensgleich. Diese Vertreibung aus dem „konstitutionellen Paradies" schluckten die Blauen, richtig aufgemuckt hat gegen diese Ausgrenzung ohnehin nur Haiders Mann im FPÖ-Klub.

Es gehört zum Wesen der parlamentarischen Demokratie, dass immer wieder an Geschäftsordnungsfragen herumgebastelt wird. Wieder war es der geschäftsführende Klubobmann Ewald Stadler, der sich von den Schwarzen hintergangen fühlte. Stadler marschierte, es war am 10. Juli 1996, zum Rednerpult und begann wieder einmal den „Verrat" der ÖVP an Abmachungen anzuprangern. Für die Journalisten war es zunächst eine verschlüsselte Botschaft. „Herr Klubobmann Khol, das einzige, was an unserer Abmachung geschmeckt hat, das war die Suppe ihrer Frau …" Ewald Stadler gibt später die „intime Version" preis. Er und Jörg Haider waren zum Abendessen bei den Khols in Wien-Hietzing eingeladen. Bei diesem Zusammensein habe der ÖVP-Klubobmann ihnen in die Hand versprochen, dass die Volkspartei im Nationalrat nichts gegen die FPÖ beschließen werde. Es ging um Minderheitenrechte, etwa um die Möglichkeit der Opposition, Sondersitzungen einzuberufen. Nach Stadlers Version habe Khol als Klubobmann der Volkspartei sein Wort nicht gehalten. Es sei auch im Sinne von Jörg Haider gewesen, das private Treffen publik zu machen.

Nicht ohne Häme erinnert sich Ewald Stadler an die „Umfaller“, wie er es nennt, des damaligen Klubobmannes Andreas Khol. Der habe ihn einmal während eines Klubtreffens der Blauen in Tirol angerufen und nachgefragt, ob die Blauen mitziehen würden – es ging wieder um Geschäftsordnungsfragen. Im Plenum, so hat es Stadler in seinen Aufzeichnungen, verleugnete Khol in der gegenständlichen Frage Kontakte zu den Blauen. Es war wieder an einem Plenumstag, an dem Ewald Stadler den Schwarzen „vorführte“. Der blaue Klub-Vize erinnerte Khol an das Telefonat und fügte hinzu, falls er es ganz genau wissen wolle, dann könne er sich auch noch die Telefon-Aufzeichnung des Hotels anschauen...“ Ewald Stadler war damals so etwas wie der „Schrecken der Präsidiale“ und der Tiroler Andreas Khol war dann auch richtig froh, als er den Vorarlberger Ewald Stadler im Plenum des Nationalrats nicht mehr zu Gesicht bekam.

Match ohne Gegner

Jörg Haider mutiert in diesen späten neunziger Jahren immer mehr zum virtuellen Politiker. Seine Fans erleben ihn fast nur noch auf so genannten Video-Walls. Bei seinem Stamm-Personal rücken zwei Mitarbeiter aus der zweiten Reihe in die Bundes-Öffentlichkeit vor: Susanne Riess-Passer wird geschäftsführende Bundesobfrau, Peter Westenthaler Generalsekretär.

Die Meinungsforscher legen einen neuen innenpolitischen Befund vor: „...die Arbeiter hätten eine strukturelle Annäherung an die FPÖ vollzogen...“

Am 18. Jänner 1997 verliert Jörg Haider seinen „Lieblings-Gegner“. An diesem Tag gibt Franz Vranitzky auf. Er tritt als Bundeskanzler zurück und gibt auch den Parteivorsitz in der SPÖ ab. Im Eilzugtempo wird Viktor Klima als Nachfolger in beiden Funktionen installiert. Der blaue Veteran im politischen Ruhestand, Norbert Steger, sieht in der damaligen Konstellation Jörg Haider und Franz Vranitzky eine „Schicksals-Gemeinschaft“, Vranitzkys Hauptrolle habe darin bestanden, Jörg Haider auszugrenzen, und dieser habe auf höchster Ebene seinen

Gegner gefunden. Es sei Jörg Haider nach Vranitzkys Abgang auch nicht mehr so gut gegangen, denn sein Intim-Feind sei ihm abhanden gekommen. Jörg Haider hatte in der Tat danach keinen wirklichen Gegner mehr in der innenpolitischen Oberliga.

Eine Flucht – und Panik in Taiwan

Der 1. Mai 1998 fuhr den Blauen ziemlich in die Knochen. Dieser Tag bescherte den Freiheitlichen eine veritable Existenzkrise. So sieht es der damalige Generalsekretär im Dienst, Peter Westenthaler, noch heute. An diesem Tag setzt sich der niederösterreichische FPÖ-Nationalratsabgeordnete Rosenstingl ins Ausland ab. Er tauchte mit seiner Sekretärin unter – in Brasilien. Dazu gab es einen ausgewachsenen kriminellen Hintergrund. Der damalige freiheitliche Verkehrssprecher Rosenstingl hinterließ Schulden, Gläubiger und den bösen Verdacht, Parteigelder und Steuermittel für private Geschäfte missbraucht zu haben.

Peter Westenthaler erzählt diese Geschichte wie ein Schiffbrüchiger, der sich mühsam an Land gerettet hat. „Jörg Haider und ich sind an jenem 1. Mai mit einer Delegation nach Taiwan abgeflogen. Noch im Flugzeug haben wir erfahren, was da in Niederösterreich abging. Nur Susanne war daheim – Susanne damals allein in Wien. Trotz der Zeitverschiebung haben wir sehr gut miteinander kommuniziert. Im Fernen Osten haben Jörg und ich mitbekommen, wie das hochgeht und was für eine Geschichte das ist."

Peter Westenthaler schildert, dass er und Jörg sehr, sehr frustriert waren. „Die Affäre Rosenstingl kam mitten im Aufschwung der FPÖ", erzählt Westenthaler, „wir saßen in Taiwan im Hotel und Jörg sagte, das ist eine Katastrophe, jetzt ist alles hin, jetzt ist es vorbei. Wir sinnierten bereits über eine Neugründung der FPÖ. Nur, das wäre formal zu kompliziert gewesen. Da sagten wir: Wir setzen neue inhaltliche Schwerpunkte, wir machen alles neu …"

Es sei dies die schwerste Krise der Blauen in den neunziger Jahren gewesen. Westenthaler: „Wie wir das dann gemanagt haben, das war wohl partei-intern die größte Meisterleistung." Denn die Affäre Rosenstingl habe die FPÖ noch härter getroffen als die Gründung des „Liberalen Forums". Schließlich seien alle sehr verwundert gewesen, dass man aus dieser Geschichte so unbeschädigt herausgekommen sei.

4. Juli 1998. Rosenstingl noch auf der Flucht und Jörgs Team wieder zu Hause. Jörg Haider inszenierte im Linzer Design-Center kurzerhand einen Neuanfang: Er schaffte seine Partei ab. Herbert Scheibner: „Das war ein komisches Gefühl, als wir erfahren mussten, dass wir einfach abgeschafft waren." Der Chef proklamierte einen „Demokratie-Vertrag" und rief die „Gläserne Partei" aus. Dann noch ein bizarrer Bluff. Ein „Bürgeranwalt" wurde installiert.

Je etwas davon gehört? Man bestellte den ehemaligen Volksanwalt Helmuth Josseck in diese Funktion. Die Philosophie dieser Einrichtung lautete: Jeder Wahlberechtigte kann Beschwerde einlegen gegen politische Funktionäre, wenn der begründete Verdacht der Nichteinhaltung eines politischen Versprechens besteht. Es war eigentlich gar keine schlechte Idee, denn nur kurze Zeit später hätten die Blau-Wähler diesen „Bürgeranwalt" wohl dringend gebraucht.

Peter Westenthaler sieht sich heute noch als ein Held des blauen Krisen-Managements: „Mir haben Kollegen aus anderen Parteien gesagt, kaum zu glauben, dass euch der Rosenstingl passiert ist. Intern war es wirklich a zache Gschicht. Aber wie immer: Der Gegner hat überzogen und nicht gewusst, wann ein Ende sein muss." Peter Westenthaler stuft diese Affäre in der jüngeren Parteigeschichte der Blauen ziemlich hoch ein: „Emotional war diese Affäre intern schlimmer als Knittelfeld, eine wesentlich schwerere Krise …"

Ewald Stadler hält Westenthalers Selbstdarstellung für eine starke Übertreibung und er korrigiert die Dimension der Affäre. „Rosenstingl war nur regional ein Problem", sagt Stadler, „es wäre nur dann ein Glaubwürdigkeitsproblem gewesen, wenn die Partei es anders gemanagt hätte. Es war der außerordentliche Parteitag in Linz mit der ‚Gläsernen Partei', es war die finanzielle Radikalkur, die Liquidierung der Baufirmen, das Abtragen der Schulden – das war das Geheimnis, warum die Bürger unsere Vorgangsweise honoriert haben." Ewald Stadler war damals Krisenmanager der Blauen in Niederösterreich und schon ein Opfer von „friendly fire" innerhalb der FPÖ. Doch das ist eine andere Geschichte. Stadler ist im Nachhinein überzeugt: „Im

Jahr 2000 war Rosenstingl, also nur knapp zwei Jahre danach, absolut kein Thema mehr. Sonst hätte die ÖVP mit uns gar nicht koalieren können. Da hätte die stärkste Landesgruppe, die ÖVP-Niederösterreich, sicher sofort Vorbehalte angemeldet."

Erste Übungen fürs Mitregieren

7. März 1999. Die Blauen stürmen die Charts in Kärnten. Sie gelangen bei den Landtagswahlen an die Spitze. Ein Datum, das man sich merken muss. Denn fünf Jahre später, am 7. März 2004, steht Jörg Haider erneut zur Disposition. Doch damals war es so etwas wie ein „historischer Sieg für die FPÖ". Sie legten von 33,3 Prozent auf 42,1 Prozent zu. Die Roten und die Schwarzen standen als Verlierer auf der Bühne.

Wenige Tage danach konnte sich selbst ein Erhard Busek vorstellen: „Die FPÖ kann Mitspieler werden." Und am 8. April zieht Jörg Haider – nach fast acht „Exil-Jahren" – als Landeshauptmann wieder in Klagenfurt ein.

Am 20. April werden unbestritten die Weichen für eine Koalition mit der Volkspartei gestellt. An diesem Tag nämlich wird Herbert Scheibner Klubobmann. Er löst Stadler ab. Scheibner war die „weiche Löung" – ganz im Sinne von Haider, der damals den fast jakobinischen Oppositionskurs seines Partei-Kameraden Stadler beendete. Jörg Haider im internen Kreis: „Wir dürfen nicht mehr für Opposition stehen, wir müssen das Image erhalten, auch Lösungen anbieten zu können…"

Nach eigener Darstellung war Peter Westenthaler einer der Vollstrecker dieses Kurses. Er musste im Auftrag seines Chefs eine schlechte Nachricht überbringen: „Es war Jörgs Entscheidung und sie war völlig richtig. Ewald Stadler kann niemals ein Regierungs-Klubobmann sein. Natürlich hat er zu Oppositions-Zeiten den Klubobmann perfekt gemacht. Aber wir müssen zur Kenntnis nehmen, dass er in der Regierung kein Klubobmann sein kann."

Ewald Stadler zitiert aus seinen Aufzeichnungen: „Es war schon früh wahrnehmbar, dass es viele Spitzenkontakte meiner Partei zur ÖVP gab. Jörg Haider traf sich mit Martin Bartenstein, auch mit Schüssel selbst und mit anderen. Es gab auch schon früh gute Kontakte des Herbert Scheibner mit der ÖVP, insbesondere zu Werner Fasslabend. Gute Kontakte gab es bereits zwischen der FPÖ-Landesgruppe Vorarlberg und der Volkspartei. Die lebten dort ohnehin schon seit Jahr und Tag in einer unglaublichen Harmonie. Dann auch hin zu Erwin Pröll. All das hat atmosphärisch zur Annäherung beigetragen. Und Wolfgang Schüssel hat rechtzeitig erkannt, dass er die ÖVP aus dem Sumpf ziehen kann mit den Blauen."

Nach der Vorarlberg-Wahl am 19.9.1999 passte auch Schüssel seine Strategie an die neuen Realitäten an. Die ÖVP war im Ländle hinter die FPÖ gefallen. Also erklärte er die Ausgrenzung für beendet und suchte dann auch ziemlich rasch das Gespräch mit den Blauen.

Ewald Stadler: „Freilich auf Kosten der Freiheitlichen und fast nur zu seinen Bedingungen – bedauerlicherweise zu seinen Bedingungen. Was mich betrifft, schon früh war es Jörg Haiders Wunsch, dass ich ein besseres Verhältnis zu Andreas Khol aufbauen soll ..."

So kam es, dass Ewald Stadler Jörg Haiders erstes politisches Bauernopfer auf dem Weg in die Regierung war. Jemand musste Stadler die schlechte Nachricht überbringen. Aber wer? Wie immer: der Generalsekretär. Der saß mit Jörg Haider in dessen Büro in der Reichsratstraße gegenüber dem Parlamentsgebäude. „Geh rüber in den Klub", sagte Haider zu Westenthaler, „da sitzt der Ewald und du musst ihm sagen, er muss weichen. Herbert Scheibner muss Klubobmann werden. Als Vorbereitung zum Regierungs-Eintritt, um zu signalisieren, wir gehen eine verbindliche Linie ein."

Peter Westenthaler fährt mit dem Lift vom Büro-Penthouse ins Parterre: „Ja, dann bin ich über die Reichsratsstraße und hinauf in unseren Klub im Parlament. Bin rein, hab gefragt: ‚Ist der Ewald da?' Und dann bin ich zu ihm hinein und hab ihm mitgeteilt, was der Haider gesagt hat: ‚Ewald, die Entscheidung ist gefallen. Wir müssen da in Richtung Regierung gehen. Der Herbert wird dich als Klubobmann ablösen.'"

Warum hat Jörg Haider das seinem Freund Ewald Stadler nicht selbst gesagt? Westenthaler: „Solche Geschichten hab immer ich erledigt. Das ist ja ok, dafür hat er ja uns gehabt, eben auch für die unangenehmen Dinge. Es war damals für mich hochinteressant. Stadler hat das sofort akzeptiert. ‚Kein Problem', sagte er."

Peter Westenthaler glaubte damals zu spüren, dass Ewald Stadler in diesem Augenblick mit Sicherheit den Beschluss gefasst habe, alles gegen diese Regierungs-FPÖ zu unternehmen. Westenthaler: „Er war ab diesem Zeitpunkt Gegner. Denn er hat gesehen, wie alle anderen etwas geworden sind. Er wollte ja Innenminister werden. Dann hat er gemerkt, er ist der gefallene Engel, der in der Opposition gut war, aber nicht ministrabel … das war wohl der Anfang von Knittelfeld."

Der Marsch ins Establishment

Auftritt der Spieler
Peter Westenthaler erzählt
Waschgänge auf dem Weg
in die Ohnmacht
Ticket nach Kärnten

Nur Fußballfans finden ohne Mühe das Wiener Happel-Stadion im zweiten Bezirk. Man muss zum Sektor A. Von dort gelangt man zu den Büros der Fußball-Bundesliga. Das Büro des Generalsekretärs befindet sich im zweiten Stock. Peter Westenthaler heißt der Mann, der dort seit geraumer Zeit sitzt, er muss sich um Fernseh-Verträge und Sponsoren für Österreichs Fußball kümmern.

Sein Büro hat zwei Fenster-Module, im Vergleich zu seinem früheren Arbeitsplatz im Parlament ein Abstieg in die Bescheidenheit. Peter Westenthaler steht nicht mehr unter Strom wie in seinen politischen Jahren. Auf der Pinwand: Fotos mit Kickern und anderen Sportlern, Aufnahmen aus der Innenpolitik sind nur noch wenige zu sehen – bis auf Schnappschüsse, die ihn mit Susanne Riess-Passer zeigen. Peter Westenthaler hat fast fünfzehn Jahre den politischen Marathon seines Mentors Jörg Haider mitgemacht.

Im Gespräch über seine Zeit mit Haider gerät der „Westi" – so nannten ihn seine politischen Kumpel – gelegentlich ins Schwärmen über „jene guten alten blauen Zeiten". Man muss freilich wissen: Der Simmeringer Peter Westenthaler ist auch ein begnadeter Selbstdarsteller.

Ein Auszug aus seinen Erinnerungen. Es entsteht im Gespräch der Eindruck, als ob er die Ereignisse in seiner Partei noch immer nicht ganz verdaut hätte. Die Art, wie er erzählt, erinnert an jemanden, der versucht, viele Bilder in die passende Reihenfolge einzuordnen. Zwangsläufig entstehen Sprünge zwischen den Geschehnissen vom blauen Triumph im Jahr 1999 und der „Pechsträhne" im Jahr 2002, in dem die Freiheitlichen total aus dem Ruder gelaufen sind. Westenthaler: „Ehrlich gesagt, ich begreife es bis heute nicht ganz, was da alles passiert ist."

Der Marsch durch die Wüste Gobi. Westenthaler kann jetzt herzlich über dieses Bild lachen, das sein damaliger politischer Lehrer Andreas Khol geprägt hat. „Unser Ende, es war auf merkwürdige Weise faszinierend. In den vergangenen Monaten habe ich darüber öfter mit Susanne gesprochen. Wir haben uns sogar schon einmal überlegt, irgendwann gemeinsam eine ‚Erklärung' zu verfassen. Da gäbe es einiges aufzuarbeiten, auch zu unserem eigenen Verständnis des Geschehens." Peter Westenthaler war schon vor den Wahlen am 7. März 2004 überzeugt, dass es die Blauen nicht mehr gibt und das Markenzeichen FPÖ beschädigt ist. Westenthaler denkt nicht lange nach: „Mit Sicherheit gibt es die Blauen nicht mehr. Schauen Sie, es ist wohl kein Zufall, dass es in Kärnten im Wahlkampf die FPÖ nicht gibt – auf den Plakaten existiert nur Haider. Das alte Markenzeichen FPÖ ist weg, es ist wohl zu negativ besetzt." In Salzburg ist dann Westenthalers Prognose „eindrucksvoll" bestätigt worden.

Peter Westenthaler steht auch im Nachhinein zu allen auch vielfach unerfreulichen Manövern auf dem langen Marsch ins Regierungs-Establishment und er rechtfertigt die Opfer und Stammeskämpfe auf dem Weg in die „Wende-Koalition". Das Bauernopfer Nummer eins war im innenpolitischen Schlüsseljahr zweifellos Jörg Haiders Mann fürs parlamentarisch Grobe – Ewald Stadler. Der musste damals als erster für Jörg Haiders unablässiges Streben nach dem Mitregieren in Wien aus dem Weg geschafft werden.

Westenthaler versucht, den Ereignissen im Jahr 1999, im Vorfeld der Koalition mit der ÖVP, einen politischen Sinn zu geben: „Ewald hat in der Opposition seine Sache sicherlich gut gemacht. Streit ich nicht ab. Er hat es sich freilich mit allen verscherzt. Er war der Dobermann. Beim Gang zum Rednerpult lief manchen schon der kalte Schauer über den Rücken." Dann setzt Westenthaler mit einem selbstdarstellerischen Akzent fort: „Bei mir war es dann schon anders, es gab bei Regierungseintritt 52 freiheitliche Abgeordnete und ich bin noch immer stolz, denn ich war Regierungs-Klubobmann."

Eine Schlacht wird geschlagen

Am 16. Juli 1999 beschließt der Nationalrat, die laufende Gesetzgebungsperiode vorzeitig zu beenden. Am 11. August 1999: totale Sonnenfinsternis zwischen 12.41 und 12.47 Uhr – ein politisches Omen? Am 31. August 1999: Ein Mann kehrt zurück, nachdem er zuvor den Blauen den Rücken gekehrt hatte. Thomas Prinzhorn wird Spitzenkandidat der FPÖ für die bevorstehenden Nationalratswahlen. Man rätselt über Haiders Motive. Vorher sind die beiden im Streit auseinander gegangen und nun lobt Haider Prinzhorn als „idealen Spitzenkandidaten". Die Differenzen, die es mit Prinzhorn gegeben habe, der ja im November 1998 alle Funktionen in der FPÖ zurückgelegt hatte, seien, wie Haider und Prinzhorn unisono betonen, ausgeräumt. Man habe, so sekundiert Prinzhorn, Brücken zueinander geschlagen: „Das schweißt zusammen."

Dann ein überraschendes Signal aus Brüssel – ausgesandt von Jörg Haiders Lieblings-Buhmann. In einem Interview sagt EU-Kommissar Franz Fischler, sollte die FPÖ nach den Nationalratswahlen mitregieren, werde „Europa nicht erschrecken und schon gar nicht zusammenbrechen". Die FPÖ sei „eine demokratische Partei, die nach österreichischen Gesetzen anerkannt ist". So gesehen habe die EU keinen Grund, mit Vertretern einer solchen Partei nicht zusammenzuarbeiten. Die Frage, ob er erschrecken würde, wenn Haider mitregiert, beantwortet Fischler klar mit nein.

Die politischen Zeichen stehen unterdessen auf Sturm. Blaues Wähler-Signal aus dem Westen: Am 19. September 1999 überrollt die FPÖ in Vorarlberg die ÖVP und die SPÖ. Den Blauen mit Hubert Gorbach gelingt es, die absolute Mehrheit der ÖVP im Alleingang zu brechen und mehr als doppelt so stark wie die SPÖ zu werden. Die Folge ist wieder einmal Panik im politischen Establishment. Motto: „Alle gegen die FPÖ." Dann der 3. Oktober 1999. Ergebnis der Nationalratswahl: Die FPÖ auf Platz zwei. Eine beispiellose, spektakuläre Neuorientierung der Wähler habe bei der Nationalratswahl am 3. Oktober stattgefunden, konstatieren die Meinungsforscher. Aus Befragungen sei hervorgegangen, dass die FPÖ die neue Arbeiterpartei ist. Sie habe in dieser Funktion die SPÖ abgelöst. Eine der wichtigsten Wahlkampfparolen hieß „Stop der Überfremdung". In seiner letzten Wahlkampfveranstaltung sagte Jörg Haider: „Wenn Bundeskanzler Klima für die Osterweiterung (der EU) ist, dann soll er doch gleich in Tschechien kandidieren." Nur drei Jahre später gab Jörg Haider im Koalitions-Ausschuss klein bei und schwor seine Blauen auf die Ost-Erweiterung ein. Nach der Wahl beginnt innerhalb der FPÖ unter Jörg Haiders Regie der Rückzug aus allen tatsächlichen und vermeintlichen politischen „Schmuddel-Positionen". In Brüssel eine politische Fleißaufgabe in Sachen Abgrenzung. Die Delegationsleiterin der freiheitlichen Abgeordneten im Europäischen Parlament, Daniela Raschhofer, lässt ausrichten, dass es niemals Gespräche mit dem „Front national" und Vertretern des „Vlaams Blok" gegeben habe. Die FPÖ habe sich immer deutlich von diesen abgegrenzt.

Jörg Haider inszeniert am 13. Oktober 1999 Pressekonferenzen in Paris und London. Thema: „Österreich nach den Wahlen". Am Vormittag in Paris und am Abend desselben Tages in London. Jörg Haiders europäische Image-Pflege in one day. Noch ein „Waschgang" in der Wiener Hofburg. Der Bundespräsident ließ verlauten: Die Kritik des Auslandes an Österreich im Zusammenhang mit dem Wahlergebnis entspreche, aus Unkenntnis oder aus Absicht, nicht den Tatsachen. Österreich sei ein stabiles, auf festen demokratischen Fundamenten aufgebautes Gemeinwesen und ein angesehenes Mitglied der EU sowie der internationalen Gemeinschaft, betont Klestil. Im Parlament seien „ausschließlich demokratisch gewählte Parteien vertreten". Klestil fordert mehr Sorgfalt und Fairness bei der Berichterstattung über Österreich. Die heimischen politischen Verantwortungsträger ersucht der Bundespräsident, den ungerechtfertigten Vorwürfen aus dem In- und Ausland entschieden entgegenzutreten.

Am 29. Oktober konstituiert sich der Nationalrat auf der Basis des Wahlergebnisses. Die stärkste Veränderung in ihrer Zusammensetzung weist die Fraktion der Blauen auf: Von ihren nun schon 52 Abgeordneten ziehen nicht weniger als 27 neu ins Hohe Haus ein. „Vieles nur Flugsand", ätzt heute Volksanwalt Ewald Stadler. Anfang November: „Zukunftsgespräch zwischen FPÖ und ÖVP". Am 7. November läuft Haider Marathon in New York. Im Pulk zwei seiner politischen Sympathisanten: der ÖVP-Minister Martin Bartenstein und noch SPÖ-Innenminister

Karl Schlögl. Am 10. November 1999 stellt sich in Wien die Bewegung „Auch wir sind Haiders FPÖ" vor. Es handelt sich um zehn ehemalige und aktive FPÖ-Politiker. Ihr Firmenname: „Freiheitliche Bürgerinitiative" (FBI). Sie tritt als „Schutzgemeinschaft" gegen Diffamierung, Hetze und unrichtige Darstellungen auf, die sich gegen Wähler und Sympathisanten der FPÖ im In- und Ausland richten. Der ehemalige Staatssekretär (1983–1986) Holger Bauer tönt in einer Pressekonferenz, die Freiheitlichen seien keine Antisemiten, keine Nazis und keine Ausländerfeinde: „Wir lassen unsere Wähler, Mitglieder und Sympathisanten nicht länger psychisch und physisch diffamieren und abwatschen." Der frühere Justizminister Harald Ofner bietet von der Diffamierung Betroffenen „Rechtsschutz ohne finanzielles Risiko" an.

Jörg Haiders „Ergebenheits-Adresse"

12. November 1999. Im Dachfoyer der Redoutensäle der Wiener Hofburg. Auf dem Programm: Jörg Haider und seine „große Grundsatzrede". Aus dem Protokoll: Haider betont, wer hohe moralische Ansprüche stellt, müsse diesen Ansprüchen in seinem täglichen Handeln gerecht werden. Das gelte auch für ihn, Jörg Haider, persönlich. In der Vergangenheit habe es einige Äußerungen gegeben, die im Zusammenhang mit dem Nationalsozialismus ‚unsensibel und missverständlich' gewesen seien. Das tue ihm persönlich Leid, weil er damit erstens die Gefühle von Menschen verletzt habe, die selbst oder deren Angehörige Opfer des Nationalsozialismus gewesen seien, weil diese Äußerungen zweitens ganz und gar nicht den seinem Leben und den seiner politischen Arbeit zugrunde liegenden Wertvorstellungen von Toleranz und Menschlichkeit entsprächen und weil er damit drittens auch vielen seiner Anhänger und Freunde Kummer gemacht habe und diese sich wegen dieser Äußerungen oft vehement schwer getan hätten, seine von ihnen an sich geschätzte Arbeit für Österreich wirksam verteidigen zu können. Haider bekräftigt, „in jeder Phase seines Herzens ein so begeisterter österreichischer Demokrat" zu sein, dass er „keine braunen Schatten akzeptieren kann und werde". Das war wohl Jörg Haiders letzte amtliche Absage an die „Österreichische Nation als Missgeburt". Ein witziges mea culpa folgte dann noch im

Landtagswahlkampf 2004. Jörg Haider entschuldigte sich für Knittelfeld, er habe nicht vorher sehen können, was daraus wird …

Rechtzeitig auf Kurs gebracht

Intern waren die Blauen schon vor den Wahlen auf Regierungskurs hin zur Volkspartei. Herbert Scheibner legt die Neigung zur ÖVP offen: „Nach der Ablöse von Ewald Stadler (er wurde Landesrat in Niederösterreich) wollten wir signalisieren, dass die FPÖ eine regierungsfähige Partei ist. Wir wollten keinen Zick-Zack-Kurs mehr wie zu Oppositionszeiten, wir strebten Handschlagqualität an und wir versuchten in der Präsidiale des Nationalrats das Klima zu verbessern. Das waren unsere positiven Signale für die Regierungsverhandlungen mit der ÖVP."

Es war noch vor den Wahlen, bei einer Klausur der FPÖ, im Sommer 1999. Thema war die Wahlkampftaktik. Herbert Scheibner zitiert aus seiner Erinnerung: „Ich war skeptisch, als Jörg Haider seine Positionen darlegte. Haider sagte, wir müssen zweitstärkste Partei werden und uns als mögliche Regierungspartei positionieren. Wir waren 14 Jahre lang in der Opposition, sagte Haider, wir haben stets gewonnen und jetzt werden die Leute sagen, ihr könnt's ja nichts umsetzen. Haider sagte auch noch, das Protestpotential sei ausgereizt und jetzt komme der Punkt, da sagen die Wähler, ‚wir wollen die Stimme einer Partei geben, die auch regieren kann'."

Nun war deutlich: Die Blauen waren schon im Sommer 1999 auf Regierungskurs. Jörg Haiders finale Botschaft an sein Team: „Wenn sich die Möglichkeit zum Regieren ergibt, dann müssen wir sie nützen."

Wem die Stunde schlägt …

Februar 2000. Die Blauen und die Schwarzen sind handelseins geworden. Politisches Nachdenken steht auf dem Programm. Tor 3 des Parlaments, der offizielle Eingang zum Klub der Freiheitlichen. Im zweiten Stock sitzen im Büro des Klubobmannes Peter Westenthaler Jörg Haider und Susanne Riess-Passer. Westenthalter schildert die Stimmung am Vorabend des Eintritts in die Regierung. „Da sind wir zusammengesessen und haben die Ergebnisse der Verhandlungen analysiert. ‚Ok', sagten wir, ‚mach' ma's oder nicht?' Der Jörg war total dafür. Susanne und ich waren eigentlich zu dieser Stunde ziemlich skeptisch. Wir sagten, es ist zu früh und wir haben auch den Apparat nicht. Ich sagte, wir sollten noch warten, dann sind wir eh die Nummer Eins. Rot und Schwarz können sich nicht reformieren, das sieht man doch und wir hätten die Chance, die stärkste Partei zu werden."

Haider, so erinnert sich Westenthaler, hat unserer Skepsis gegenüber einem Regierungseintritt heftig widersprochen. Haider sagte: „Wir müssen jetzt hinein. Aus folgendem Grund: Wir sind so oft angetreten, seit 1986 warten wir auf diese Chance, wir haben Wahlen gewonnen, unzählige Volksbegehren inszeniert … irgendwann werden die Wähler sagen, jetzt wählen sie uns schon zwölf Jahre lang und wir sind wieder in der Opposition. Man könne die FPÖ wählen, so oft man wolle, aber sie wird nie in die Regierung kommen."

Westenthaler blättert in einem alten Terminkalender und liest Eintragungen von damals. Aus denen geht hervor, dass er und die Vizekanzlerin nur sehr skeptisch ihre Zustimmung äußerten. „Wir sagten, wenn wir jetzt in die Regierung gehen, dann muss uns klar sein, dass wir zwei bis drei Jahre eine Durststrecke haben. Wir werden die Protestwähler verlieren, das werden fünf bis sechs Prozent sein. Jörg Haider entgegnete, das sei ein kalkulierbares Risiko. Das müssten wir halt den Funktionären erklären, wir müssten ihnen sagen, dass wir nicht mehr berauschende Erfolge haben würden. Mir und Susanne war das schon klar."

Personal – handverlesen

Wie war das mit dem Regierungs-Personal? Wie man weiß, hat Jörg Haider die Mannschaft für die „Wende-Regierung" ausgesucht, handverlesen. Westenthaler: „Jo, stimmt. Ich war dabei, als wir im Februar 2000 die Ministerliste erstellt haben. Wir wollten noch den einen oder anderen starken Kandidaten aus der Wirtschaft holen. Die haben uns alle abgesagt, nicht wegen der FPÖ, so glaube ich, sondern weil sie sich das nicht antun wollten. Es war ein ziemlicher Stress, denn 24 Stunden vor der Angelobung hat uns Klestil Hilmar Kabas und Thomas Prinzhorn verhindert. Wir mussten über Nacht zwei Minister finden."

Peter Westenthaler äußert sich im Nachhinein nachsichtig über Jörg Haiders Personal-Kompetenz: „Grosso modo, über die gesamten Jahre hinweg gesehen, hat der Jörg mit seinen Personalentscheidungen mehrheitlich Recht gehabt. Man kann ihm Menschenkenntnis nicht absprechen, aber in manchen Fällen ging es dann halt spektakulär schief. Aber letztlich hat er uns alle ausgewählt – bis auf die Susanne, die hat Norbert Gugerbauer geholt."

Die Ouvertüre zum Niedergang

Das medial strapazierte Wendejahr 2000. Am Beginn eine Neujahrsbotschaft von Jörg Haider. „Das alte rot-schwarze politische System des letzten Jahrzehnts ist Vergangenheit." Dank der FPÖ werde nichts mehr so sein wie vor dem 3. Oktober 1999.

Am 31. Jänner 2000 verhängt die EU Sanktionen über Österreich. Am 4. Februar wird die Regierung Schüssel/Riess-Passer angelobt. Nicht aus Überzeugung, wie damals Bundespräsident Thomas Klestil festhielt. Beginn der rituellen Donnerstag-Demonstrationen gegen die schwarz-blaue Regierung. Am 17. Februar wird Alfred Gusenbauer zum neuen SP-Vorsitzenden nominiert.

Dann, am 28. Februar, ein Ereignis, das die Blauen aufwühlt und deren Ende beschleunigt. In diesem Punkt sind sich alle Akteure einig. Aus heiterem Himmel, so empfanden es seine Parteifreunde, sagt Jörg Haider in einer Parteisitzung, er werde sich als Bundesparteiobmann zurückziehen. Seine Entscheidung begründet er unter anderem damit, dass er nicht als „Schattenkanzler" der FPÖ-ÖVP-Koalition gelten wolle. Sein Rücktritt sei aber kein Rückzug aus der Politik. Man einigt sich im kleinen Kreis. Susanne Riess-Passer soll die Partei als Bundesobfrau übernehmen. Die Amtsübergabe wird für den 25. ordentlichen Parteitag am 1. Mai in Klagenfurt festgelegt. So steht es im Parteiprotokoll.

Es war Klubobmann Peter Westenthaler, dem Jörg Haider seinen Entschluss als erstem anvertraute. „Es war so, Haider war mit seiner Familie im 8. Wiener Bezirk beim Abendessen. Demonstranten entdeckten ihn und er konnte nur unter Polizeischutz das Lokal verlassen. Danach hat er mich angerufen und gesagt, ich soll ins Hotel ‚Imperial' kommen. Er habe mir etwas Wichtiges zu sagen. ‚Ja' sagte ich, ‚ich komme'. Dann, an der Hotel-Bar, eröffnete mir Jörg: ‚Ich trete zurück!' In diesem Augenblick war ich nur konsterniert."

Jörg Haider nahm seinen Klubobmann emotional zur Brust. Es war ein langes Gespräch an der Hotelbar. „Mir wurde dann klar, dass er diese Entscheidung schon lange Zeit vorher innerlich getroffen hatte. Er sagte, entweder Susi oder ich sollten Parteichef werden. Ich schloss mich von vornherein aus und drang auf ihn ein, sich diesen Entschluss wirklich zu überlegen. Aber eigentlich war ich noch immer wie vom Blitz getroffen."

Jörg Haider versuchte mit pathetischer Gestik seinem politischen Ziehsohn den „Augenblick der Geschichte" nahe zu bringen. Das hörte sich so an: Seine Mission sei erfüllt. Als er die Partei übernommen habe, da habe er sich geschworen, seine Partei nicht aus der Position des Mehrheitsbeschaffers, sondern aus einer Position der Stärke in die Regierung zurückzuführen. Sein Auftrag sei beendet und das blaue Kind müsse selbst zu laufen beginnen. Jörg Haider spendete dem am Boden zerstörten Peter Westenthaler noch Trost: „Ich helfe euch. Ihr habt meine volle Unterstützung. Ich habe das Kind aufgezogen, jetzt muss es allein laufen."

Als das „blaue Kind" dann in der Regierung laufen lernte, bereute der Vater seine Ratschläge zur Selbstständigkeit. Er ließ in der Folge auch nichts unversucht, seinen „Kindern" in Wien ein Bein zu stellen. Nach der Landtagswahl in Kärnten war Jörg Haider wieder ganz der „Alte". Er gab den Journalisten zur Protokoll, dass es ein schwerer persönlicher Fehler gewesen sei, den Parteivorsitz abzugeben.

Für Westenthaler hat dieser Abend an der Bar begreiflicherweise „historischen Charakter". „Es war wie im Film, er war jemand, der über den Dingen stand, wie ein Gottes-Gebot. Er ist der Übervater der FPÖ gewesen. Jetzt soll das Kind allein laufen. Auf uns lastete plötzlich ein Riesendruck und wir mussten das schaukeln. Susanne und ich ließen dennoch nichts unversucht, ihn von dieser Entscheidung abzubringen."

Man könnte es seelische Qualen nennen, die Klubobmann Westenthaler und Vizekanzlerin Riess-Passer durchlitten haben. Noch Stunden, bevor er mit seinem Entschluss an die Öffentlichkeit ging, beknieten Susanne und Peter den blauen Übervater: „Bitte Jörg, mach das nicht ..."

Noch einer litt. Der eben als Verteidigungsminister angelobte Herbert Scheibner. Aber er hat seine Gefühle unter Kontrolle, wenn er über jene Tage des Rückzugs von Jörg Haider spricht. Immerhin, es war auch für Herbert Scheibner ein einschneidendes Erlebnis. „Wir ahnten es und es sagten auch alle, damit ist die Gelegenheit geschaffen, Keile in die FPÖ hineinzutreiben. Wenn man Funktionen entflechtet, dann gibt es keine Kontakte mehr, weil dann jeder seine eigene Suppe kocht. Da ist ein Umfeld entstanden, in dem einige dem Chef was Nettes über sich selbst sagen und alles Schlechte über die anderen. Die Gegner und die Medien trieben diese Mechanismen weiter." Herbert Scheibner erinnert sich auch an andere Stimmen in der FPÖ: „Ohne Haider geht es besser, vor allem wenn er ganz weg ist ..." Westenthaler ergänzt: „Natürlich haben wir ihn dann, als wir in Wien das Heft in die Hand nehmen mussten, nicht mehr so oft angerufen ... das, so glaube ich heute, das nagte an Haider."

Auftritte und Abtritte

Willkommen im Chaos
Akteure erzählen

Im ehemaligen k.u.k. Bildungsministerium in der Wiener Singerstraße befindet sich die Volksanwaltschaft. Dort, im ersten Stock des Barockpalais, amtiert heute Ewald Stadler. Sein politisches Markenzeichen – radikal und noch radikaler. Einst war er Jörg Haiders „Dobermann" im Nationalrat und in dieser Rolle auch bei seinen eigenen Abgeordneten nicht rundum beliebt. Geblieben ist eine in gewissen Kreisen zweifelhafte Nachrede: Ewald Stadler sei der „Drahtzieher" von Knittelfeld und somit am Untergang der Blauen maßgeblich beteiligt gewesen.

So sehen es seine damaligen innerparteilichen Gegenspieler, beispielsweise Peter Westenthaler und Herbert Scheibner. Ewald Stadler ging von Anfang der Ruf voraus, er sei ein „erbitterter Gegner" jener Blauen gewesen, die in der Regierung nicht die „reine blaue Lehre" vertreten hätten.

Ewald Stadler kann auf Knopfdruck in Rage geraten. Ganz besonders, wenn er hört, die blaue Misere trage auch seinen Namen. „So ein Quatsch, das sind doch alles nur Schutz-Behauptungen." Er will nicht dastehen als ein von „Rache" Getriebener.

Damals, im Jahr 2000, als sich die Blauen mit den Schwarzen verbündeten und eine Koalition bildeten, damals habe er die „historische Logik" sehr wohl verstanden. „Jörg Haider musste seine Blauen in die Regierung drängen, er selbst wollte ja immer zum Establishment gehören und von ihm geliebt werden."

Die Freiheitlichen hatten im Jahr 2000 immerhin eine 14 Jahre lange Geschichte außerhalb des innenpolitischen Konsenses hinter sich. Diese lange Zeit im politischen Abseits, die wollte Jörg Haider beenden. „Der Jörg wollte eigentlich immer nur eins: klarmachen, dass die FPÖ eine normale Partei ist. Das hat etwas mit seiner Sehnsucht nach Beliebtheit zu tun, doch was wäre Haider, wenn er nicht auch noch ein Kalkül im Hinterkopf hätte ..."

Die Blauen spielten ihre Rolle erfolgreich, und die Wahlen gaben ihnen Recht: Wir stehen außerhalb des „etablierten Systems". „Mit diesem Habitus hätte die FPÖ auf Dauer nicht überleben können", räsoniert der Volksanwalt Stadler. „Diese Rolle kann man eine Zeit lang spielen, wenn man das System verändern möchte. Wenn aber die Rolle zum perpetuum mobile wird, dann läuft man Gefahr, dass diese Rolle langweilig wird."

Jahre nach der Wende verteidigt Ewald Stadler den Regierungskurs der Blauen, aber nicht deren Auftreten und Inhalte. „Es war absolut richtig, eine Regierungsbeteiligung anzustreben."

Die EU-Sanktionen waren rückblickend eher ein Segen für die „Wende-Regierung". Ewald Stadler: „Sie deckten die Schwächen zu, vor allem jene der Blauen." Diese waren noch nicht in allen Konturen wahrnehmbar. Nicht ohne Häme denkt Ewald Stadler laut nach: „Man hat beim Eintritt in die Regierung über die entscheidende Frage gar nicht nachgedacht: Was macht man eigentlich aus der Regierungsbeteiligung? Wenn sich dann alles ins Gegenteil von dem verkehrt, was man vorher 14 Jahre lang versprochen hat, dann ist das selbstmörderisch. Von Anfang an begann die Beliebigkeit. Die Akteure in der Regierungs-Verantwortung hätten zumindest einigermaßen Kurs halten sollen. Das war das Problem. Die Akteure funktionierten nur auf dem Oppositions-Kurs – weil es ihnen Jörg Haider gesagt hat. Dann aber, als sie einen selbstständigen Kurs in Eigenverantwortung halten sollten, in dem Augenblick, als der tägliche Ezzesgeber nicht mehr da war, in dem Augenblick haben sie jämmerlich versagt."

Jörg Haider, kaum auf dem politischen Siegerpodest, versetzt in einem Gespräch in Klagenfurt seinen damaligen „Wendegefährten" ungeniert einen Tritt: „Die FPÖ war damals zu 80 Prozent das Produkt meiner Aktivitäten. Dann fehlte die Galionsfigur. Mit mir wäre die Unfallrenten-Besteuerung nicht passiert." Herbert Haupt bewahrte Haltung und zuckte mit keiner Wimper, als er Haiders „sozialpolitische Rezension" einstecken musste.

So grausam will Ewald Stadler gar nicht sein. Von seinen Lippen kommt nur Grundsätzliches, wenn er über die „Regierungs-Blauen" spricht: „Sie haben es nie gelernt, selbstständig Kurs-

Halter zu sein. Daher kam es zu einem Selbstentmündigungs-Prozess, und der führte dann zu einem massiven Glaubwürdigkeits-Verlust."

Die Rahmenhandlung

Eine Rückblende ins Innenleben der FPÖ: Am 1. Mai 2000 vollzieht die FPÖ den Führungswechsel. Mit 91,5 Prozent der Delegiertenstimmen wird Susanne Riess-Passer auf einem Bundesparteitag der FPÖ in Kärnten als Nachfolgerin Jörg Haiders zur Bundesobfrau der Blauen gewählt. Neue Gesichter in ihrem Team. Es sind Quereinsteiger. Theresia Zierler, die ehemalige ORF-Moderatorin, und der Journalist Peter Sichrovsky werden zu Generalsekretären bestellt. „Heute ist nicht das Ende einer Ära, sondern wir müssen ein neues Kapitel in der Erfolgsgeschichte der FPÖ aufschlagen", ruft Jörg Haider in der Parteitagsrede seinen Blauen zu. Der Nachfolgerin schwört Haider seine „volle Loyalität".

Zwei Jahre später fällt er ihr in Knittelfeld in den Rücken und 2004 kommt seine langjährige politische Partnerin im Wortschatz von Jörg Haider gar nicht mehr vor.

Auf der Wiener Bühne der Blauen werden nur wenige Tage nach dem Parteitag „verbale Pannen" registriert. Der Wiener FPÖ-Obmann Hilmar Kabas gerät ins Kreuzfeuer der Medien. Einige Journalisten wollen gehört haben, dass er den Bundespräsidenten Thomas Klestil (im Zusammenhang mit den EU-Sanktionen) einen Lumpen genannt habe. Kabas wiegelt ab, vielleicht habe er „Hump oder Dump" gesagt. Dann stellt er in einer Aussendung „klar": Er habe gesagt, „dass jener sich wie ein Lump verhält, der Österreich anpatzt". Dies sei jedoch nicht auf eine bestimmte Person bezogen gewesen.

Im August 2000 geben die Blauen historische Klopfzeichen zu ihrem Lieblings-Thema: Die EU-Osterweiterung. Sie nehmen den Mund voll und legen sich eine politische Latte, unter der sie dann drei Jahre später sang- und klanglos durchmarschieren. Es klang wie ein Schlachtruf: Mit Benes-Dekreten kein EU-Beitritt Tschechiens. Die Aufhebung sei, so der Vertriebenensprecher Martin Graf im Nationalrat, ein „unabdingbares Muss" für Prag. Diese Position räumten die Freiheitlichen Ende 2003 ohne Wenn und Aber – um des Friedens in der Regierung willen. An dieser Stelle noch eine innenpolitische Wegmarke: Die „Drei Weisen" empfehlen im September 2000 die Aufhebung der Sanktionen gegen Österreich.

Die Wähler-Aktien der Blauen verlieren schon am 15. Oktober 2000, nur acht Monate nach Regierungseintritt, erheblich an Kurswert. Es finden Landtagswahlen in der Steiermark statt. Die blaue Spitzenkandidatin Theresia Zierler fährt die erste Niederlage der erfolgsverwöhnten Blauen ein. Die FPÖ fällt von 17,15 auf 12,43 Prozent. Gegen Waltraud Klasnic war kein blaues Kraut gewachsen. In der Rückschau muss der Fairness halber auch notiert werden, dass die frischgebackene Generalsekretärin eine ziemlich aussichtslose Mission übernommen hatte, begleitet von Intrigen und Flügelkämpfen innerhalb der steirischen FPÖ.

Politischer Alltag

Im Sozial-Ressort geht es von Anfang an drunter und drüber. Herbert Haupt löst die glücklose Elisabeth Sickl ab. Die neue Parteiobfrau versuchte für das „Pfusch-Regime" im Sozialbereich die passenden Worte zu finden. In der sonntäglichen „Pressestunde" des Fernsehens kommentiert sie die Ablöse im Schlüsselressort: „... es sei notwendig, die Regierungsarbeit in allen Bereichen zu optimieren. Zuletzt habe es ‚Abstimmungs- und Kommunikationsprobleme' gegeben."

Herbert Haupt überlebt das erste „Wende-Kabinett".

Die Pechsträhne setzt sich fort. Es war zwar nur eine Nebenfront, aber an der wurde ausgiebig „demokratiepolitische" Schmutzwäsche gewaschen: die berüchtigte „Spitzelakten-Affäre". FPÖ-Funktionäre von Jörg Haider abwärts geraten in den Verdacht, sie hätten Polizei-Beamte zum Amtsmissbrauch angestiftet und „Ermittlungsakten für politische Zwecke" missbraucht. Die Affäre endet erwartungsgemäß wie das Hornberger Schießen.

Am 15. November des ersten Regierungsjahres fordert das selbsternannte „einfache Parteimitglied" Jörg Haider die Blauen „zum Aufbruch" auf. Auf einem Sonderparteitag im Villacher Kongresshaus ruft er eine „neue Geschlossenheit" aus. „Freunde, ihr müsst verstehen, sie haben uns den Krieg erklärt", sagt Haider. Weitere Kernsätze: Die Anschuldigungen gegen Freiheitliche im Zusammenhang mit der Spitzelaffäre würden sich ebenso als unhaltbar erweisen wie im Falle der Briefbomben-Attentate. Er denke weder an eine Rückkehr in die Bundespolitik noch an einen Rückzug aus der Politik. „Wir eröffnen die Jagdsaison auf die Jagdgesellschaft", bläst der Alt-Obmann zum Halali. Dann wird wieder eines von unzähligen Manifesten verabschiedet – damals ein Hobby von Jörg Haider. Der Parteitag beschließt das „Kärntner Manifest der Freiheit" – es sollte eine Gebrauchsanweisung für die Regierungsarbeit sein ...

Geringer als befürchtet fallen schließlich die Verluste der Blauen bei den burgenländischen Landtagswahlen am 3. Dezember aus. Ein knappes Minus von 2 Prozent. Das war am Ende des ersten Regierungsjahres. Klubobmann Peter Westenthaler unterlag – nachträglich gesehen – einer Täuschung, als er sagte: „Die FPÖ hat sich in diesem Jahr als die Erneuerungskraft in der Regierung etabliert." Eine Notiz am Rande: Erstmals in der Geschichte der Zweiten Republik wird ab Jänner 2001 ein FPÖ-Mandatar Vorsitzender des Bundesrates. Der halbjährlich wechselnde Vorsitz in der Länderkammer geht turnusgemäß an Kärnten, also an jenes Bundesland, in der die FPÖ stärkste Partei ist. Der erste FPÖ-Bundesratspräsident hieß Gerd Klamt, ein Villacher, von Jörg Haider ausgesucht.

Die lange Abtrittsliste

Wer kann sich noch an die blauen Ministernamen erinnern, die fast Schlag auf Schlag auf einer An- und Rücktrittsliste auftauchten? Sie hießen Michael Krüger (Justiz), Elisabeth Sickl (Soziales), Michael Schmid und Monika Forstinger (Infrastruktur). Alle waren Jörg Haiders Auserwählte im ersten Jahr des schwarz-blauen Wendeprojekts. Im Detail:

29. Februar 2000: Michael Krüger tritt wegen „Überlastung" als Justizminister ab. Davor sorgte ein „profil"-Interview mit Krüger und dem damaligen ORF-Moderator Dieter Chmelar für Aufsehen (Zitat: „Wasd no die Miss Vienna. Mei, wos mia gschnackselt ham.") Nachfolger wird FPÖ-Parteianwalt Dieter Böhmdorfer.

1. Mai 2000: Susanne Riess-Passer folgt Jörg Haider als Parteichefin, Gilbert Trattner folgt als Bundesgeschäftsführer Gerald Mischka, Theresia Zierler und Peter Sichrovsky folgen als

Generalsekretäre Peter Westenthaler, der Verteidigungsminister Herbert Scheibner als Klubobmann nachfolgt.

22. Oktober 2000: Sozialministerin Elisabeth Sickl muss die Regierung verlassen und wird durch Herbert Haupt ersetzt.

4. November 2000: Infrastrukturminister Michael Schmid tritt als drittes Regierungsmitglied zurück: Begründung: „Die Batterien sind leer." Nachfolgerin wird Monika Forstinger.

16. Mai 2001: Gilbert Trattner gibt seinen Rücktritt als Bundesgeschäftsführer bekannt. Ihm folgt im Sommer Markus Mitterrutzner.

21. August 2001: Gerhart Fallent muss das Generalsekretariat in Richtung Freiheitliche Akademie verlassen. Zierler und Sichrovsky bleiben im Generalsekretariat.

21. Oktober 2001: Der Rücktritt Zierlers als Generalsekretärin wird bekannt – aus „familiären Gründen". Sie behält zunächst ihr Mandat im Nationalrat. Karl Schweitzer wird zu Zierlers Nachfolger ernannt.

19. Jänner 2002: Riess-Passer verkündet den Rücktritt von Infrastruktur-Ministerin Monika Forstinger. Ihr Nachfolger wird Mathias Reichhold, früherer Landeshauptmann-Stellvertreter in Kärnten.

5. August 2002, vor dem Crash des Wende-Projektes: Die politische Karriere von Reinhart Gaugg ist beendet. Nach einer mutmaßlichen Alko-Fahrt in Kärnten muss der freiheitliche Sozialsprecher sowohl sein Nationalrats-Mandat als auch seinen Posten als stellvertretender Generaldirektor der Pensionsversicherungsanstalt (PVA) zurücklegen. Von der im Februar 2000 angetretenen FPÖ-Regierungsriege sind am Schluss nur Verteidigungsminister Herbert Scheibner, Gesundheits-Staatssekretär Reinhart Waneck und die Tourismus-Staatssekretärin Mares Rossmann übriggeblieben.

Pleiten und Pannen

Ein Haudegen der Blauen erzählt
Wut und „Trauerarbeit"

Er verkörpert den gestandenen Blauen. Er ist gelernter Starkstrom-Techniker, praktizierender Rechtsanwalt und bekennender Freiheitlicher: Harald Ofner. Von Jugendbeinen an war er im politischen Milieu der FPÖ. Harald Ofner kann auf eine respektable politische Vita zurückblicken. Abgeordneter, Landesparteiobmann, Justizminister, im Nationalrat Spezialist für Justizpolitik, für Menschenrechtsfragen und Zeitzeuge in der Geschichte der Vertriebenen-Problematik. Im schwarzen Jahr der Blauen, Ende 2002, verabschiedet sich Harald Ofner von der Politik.

Es gibt nicht viele, die das Innenleben der Blauen so gut kennen wie der politische Haudegen Harald Ofner. Er war ein unverzichtbarer Zeitzeuge für die jüngere politische Katastrophen-Geschichte der FPÖ. Am Telefon klang Harald Ofner resigniert. „Erwarten Sie sich nicht zuviel von mir, denn ich habe mich innerlich von allem ziemlich zurückgezogen."

Besuch in seiner Kanzlei. Sie befindet sich im Wiener Arbeiterbezirk Ottakring. Alle Jahre zu seinem Geburtstag im November ist diese ein Schauplatz der österreichischen Konsens-Kultur. Das ganze Establishment aus dem Justizapparat gibt sich dann hier ein Stelldichein.

Harald Ofner nimmt sich kein Blatt vor den Mund, es ist ein journalistisches Vergnügen, seine Sicht der blauen Geschichte zu notieren. Er sitzt wie ein Rechtsanwalt seinem Klienten gegenüber. Nur die Rollen sind diesmal vertauscht. Harald Ofner gibt zu Protokoll. Sein Redefluss gleicht einem Plädoyer für den Angeklagten namens FPÖ, genauer für die Blauen in der Regierung.

„Es heißt jetzt, die Regierungsarbeit hat die F auf 8 Prozent reduziert. Das ist so gar nicht wahr. Wir sind mit 27 Prozent in die Schlacht gegangen, darauf haben wir vielleicht 2 bis 3 Prozent verloren."

Wie kam es dann aber zum Absturz von 27 auf 10 Prozent? Harald Ofner erinnert an den Verrat blauer Prinzipien. „Man hat es schon vergessen und es wird nie erwähnt. Was war eigentlich das Dauer-Ereignis in der Regierung? Monatelang geisterte die Affäre Gaugg durch die Medien … von dem red kana mehr … man hört nur die Ausrede, das machen die andern ja auch … Das soll eine Argumentation sein, in einer Partei, die immer behauptete, alles besser zu machen."

Harald Ofner zitiert partei-interne Umfragen. Denen zufolge habe die FPÖ monatelang in der Regierung bei 19 Prozent gelegen. Nach Gaugg und Knittelfeld sackten die Blauen auf 8 bis 9 Prozent ab. Selbst unter Mathias Reichhold, dem Nachfolger von Parteiobfrau Susanne Riess-Passer, habe die FPÖ noch bei 14 Prozent gelegen. „Dann ist Haupt gekommen", sagt Harald Ofner, „der hat den Spagat probiert zwischen Kärnten und Ballhausplatz, noch waren es 15 Prozent – nur die Affäre Gaugg, die haben alle völlig vergessen."

Traurige Zeiten

Schauplatz-Wechsel. Herbert Scheibner, der Smarte, erzählt. Ein Mann in ständiger politischer Deckung, ätzen seine Mitarbeiter. Er trägt die „blaue Trauer" mit gepflegter Melancholie. „Wir haben zu Beginn der Regierungszeit mit der ÖVP die Partei-Realität nicht so wahrgenommen, dass man sich um die eigenen Leute kümmern muss. Beide Seiten haben Fehler gemacht. Es staute sich dann auf." Herbert Scheibner lässt offen, wen er meint und sagt, man habe der Regierungsmannschaft den Erfolg nicht gönnen wollen. Der amtierende Klubobmann seufzt wie ein Urlauber, der sich an seine schönsten Ferien erinnert: „Wie schön wäre es, wenn wir noch in der Situation von 1999 wären. Diese historische Chance ist vergeben."

Peter Westenthaler muss nach seinem Ausscheiden aus der Politik weniger Rücksicht auf seine Partei nehmen: „Der FPÖ ging es am Anfang in der Regierung gut. Heute muss ich dem Jörg Haider ankreiden, dass er sich in Kärnten die falschen Leute ausgesucht hat. Ich versuchte ihm das klarzumachen. Um dich herum sitzen Leute, die einen natürlichen Minderwertigkeitskomplex haben. Die haben nur eines gesehen. Freunde, mit denen sie vorher Tür an Tür saßen, die sitzen jetzt in Regierungspositionen. Dazu kam der Neid auf das öffentliche Auftreten, ja, es war ganz sicherlich der Neid auf die Auftritte in der so genannten High Society. Aber das war halt so, man konnte sich doch nicht zu Hause verkriechen, nur weil man Minister oder etwas anderes war ... dann haben sie die Susi gesehen, auf den Sport-Veranstaltungen, no na, da ist halt bei denen der Neidkomplex gewachsen und in Kärnten ist dieser Neid in der Umgebung von Jörg Haider massiv geschürt worden."

Was er sich nach seinem Rücktritt anhören musste, das stimmt den ehemaligen Klubobmann der Regierungspartei FPÖ hörbar traurig. Er hätte sich wohl etwas mehr Dankbarkeit von seinem Ziehvater Jörg Haider erwartet: „Wir haben dem Jörg immer den Rücken freigehalten. Wir haben sogar unser persönliches Image aufs Spiel gesetzt." Ein Unterton von Selbstmitleid: „Der Westenthaler hat halt jahrelang die Drecksarbeit gemacht und die hat er ja auch gern gemacht ... Ok, ich war halt sein Blitzableiter."

Eine politische Obduktion – Zwischenbefund

Wie erging es eigentlich Jörg Haider nach seinem Rückzug nach Kärnten? Er musste sich zunächst mit Niederlagen auseinander setzen, einem Wort, das in seinem Vokabular nicht vorkam. Jörg Haider verliert nicht gern, schon gar nicht die Macht. Aber hatte er die? Jörg Haider schaute nach seiner Hof-Übergabe ungläubig – als Susanne Riess-Passer aus ihrem Job eine Art innenpolitische Tat machte. Seine Gefährten in Wien fragen sich noch heute, warum Haider so hanebüchen war, den Parteivorsitz aufzugeben. Es gibt Blaue, den Verschwörungstheorien zugeneigt, die meinen, Jörg Haiders Rücktritt sei der Preis für die Regierungsbeteiligung der Blauen gewesen. Oder waren es andere finstere Mächte? Manche fragen sich natürlich auch: War und ist Jörg Haider der Grund für Wolfgang Schüssel, mit den Blauen weiterzuregieren? Die Freiheitlichen aber fragen sich: Wie viele Wähler hat Haider bundesweit unterdessen von den Blauen abgeschreckt?

Es war keine Überraschung, dass Jörg Haider sich in seinem Kärntner Exil bald in die Verlegenheit stürzte, den Parteivorsitz wieder anzustreben. Den aber verkörperte mit Selbstbewusstsein Susanne Riess-Passer. Und die hat ihm dann nach zwei Jahren Regierung, ohne Vorwarnung, alle Ämter vor die Füße geworfen, den Vizekanzler und den Vorsitz der noch erfolgreichen Blauen. Nun war es Haider, der wieder auf sich selbst als Nachfolger kommen musste.

Was war sonst noch los mit Jörg Haider? Von Anfang an, von 2000 bis in die Gegenwart, machte er mit den Kärntnern nur durch Querelen von sich reden. Wie lange ist es eigentlich schon wieder her, dass der Jörgl sich als Medienstar profilierte und eindrucksvolle Stimmenzuwächse erzielte? Das war 1999 und dann in der Kärntner Provinz am 7. März 2004. Wie rasch zum Glück die politische Zeit verrinnt – Jörg Haider kann sich wieder wiederholen: mit seinen unterhaltsamen Auftritten – für die Journalisten. So sicherte er sich seinerzeit Vorsprünge in den Meinungsumfragen und so drängte er die Blauen dem Establishment auf. Jörg Haider: Das waren Masken, Musik, Videos, Choreographie für lokale Opern, irritierend für die einen, beeindruckend für die anderen. Und die Blauen von damals sagen heute: „Wir waren alle nur stolze Statisten." Das Erfolgsrezept ging auf: Die „Amerikanisierung der Politik" hielt Einzug. Dann, fast über Nacht, deklassierten „Susi und Strolchi", Susanne Riess-Passer und Wolfgang Schüssel, Jörg Haider zum frustrierten Statisten, und seine Medien-Auftritte bekamen einen aufdringlichen Charakter. Will er sich nun in Kärnten, nach seiner lokalen Auferstehung am 7. März 2004, einen guten Abgang in der Bundespolitik verschaffen?

Der Niedergang

Die Chronik der Ereignisse
Der Klubobmann erzählt

Die schwarz-blaue Regierung dümpelt in ihr zweites Amtsjahr. 2002: Das war der Beginn des Niedergangs der FPÖ. Es gibt dafür sogar ein Datum, es dürfte der 2. Juli 2002 gewesen sein. Was damals in der politischen Firma der Blauen tatsächlich abgelaufen ist, davon berichten im weiteren Verlauf die handelnden Personen. In diesem Abschnitt wird der damalige Klubobmann Peter Westenthaler erzählen, wie er den schleichenden Niedergang – bis hin zu Knittelfeld – erlebt hat.

Vorerst noch eine Chronik jener Ereignisse, die den Verlauf des politischen Zersetzungsprozesses beschleunigt haben.

Ein Fluggerät namens „Eurofighter" löste 2002 Turbulenzen innerhalb des politischen Bodenpersonals aus. Die Regierung gibt die Landung für das neue „Luftraumüberwachungsgerät" frei. Es war eine Entscheidung, die bis heute nicht wirklich nachvollziehbar und vor allem auch nicht durchschaubar ist.

Man muss sich in Erinnerung rufen: Der noch blaue Finanzminister Karl-Heinz Grasser hielt zunächst wenig von diesem Flugzeug-Typus. Über Nacht dann stimmt er der teuersten Variante der Landesverteidigung in der Luft zu. Die Gerüchte rund um den Beschaffungsvorgang beschleunigen sich in der Folge schneller, als dieses Kampfflugzeug beim Start abheben kann.

Das „einfache Parteimitglied" Jörg Haider bleibt unterdessen auch nicht untätig. Er nervt seine Nachfolgerin, wo es nur geht. Er lässt die Parteichefin auflaufen, wo er nur kann – vor allem dort, wo die Blauen schon immer empfindlich und politisch verwundbar waren: bei ihrem politischen Ruf im Ausland. Am 26. Juli trifft sich der Kärntner Landeshauptmann – ohne Absprache mit der Parteivorsitzenden – mit Vertretern des Vlaams Blok und der Lega Nord in Kärnten. Jörg Haider reitet sein Steckenpferd. Er parliert mit den Schmuddelkindern der Europäischen Union über Wege und Strategien einer gemeinsamen Kandidatur rechter Parteien bei den nächsten Europawahlen. Man kann jede Wette darauf eingehen, dass Jörg Haider seinen „außenpolitischen Hobbys“ treu bleiben wird.

Hochwasserwellen, politische Wellen

Der Sommer zieht ins Land. Es waren die Tage, als der Regen kam und danach die große Flut. Vom 7. bis 17. August versinken ganze Landstriche in Europa unter Wasser. Politisch steht danach den Blauen das Wasser bis zum Hals. Dann ein medialer Funkspruch aus Kärnten, zu jenem Zeitpunkt ziemlich kryptisch: „Es sei vorbei mit der bisherigen Arbeitsteilung, dass die Regierung das vornehme Oberhaus spielt und die Kanalräumungsbrigade die Schmutzarbeit macht … wenn es ganz schlecht ausgeht und die FPÖ aus der Regierung fliegt, erwarte ich, dass sich die Verantwortlichen vertschüssen.“ Es sei eine völlige Neukonstruktion der FPÖ erforderlich. Wenn er dann Obmann werden wolle, würde er nicht fragen, sondern einfach kandidieren. Der Wahlausgang wäre keine Frage: „Eine Mehrheit wäre mir sicher.“

Diese Botschaft war damals in eine innenpolitische Rahmenhandlung eingebettet, ein Stichwort war die Steuerreform. Soll sie gleich, soll sie morgen oder erst übermorgen kommen? Am 14. August beschließt der FPÖ-Parteivorstand, die für das Jahr 2003 geplante Steuerreform angesichts des Hochwassers zu verschieben. Haider ist bei dieser Sitzung nicht dabei. Nach dieser Entscheidung droht er von Kärnten aus mit seinem „politischen Liebesentzug“ für die Regierung.

Jörg Haider schickt einen Boten nach Wien. Sein Knappe Kurt Scheuch überbringt der Vizekanzlerin den „Klartext“ des Chefs. Man könne sich eine Abspaltung vorstellen … Wolfgang Schüssel und Susanne Riess-Passer lassen sich nicht einschüchtern. Sie sagen gemeinsam die eigentlich noch für 2003 versprochene Steuerreform ab.

Zwei Tage später droht Haider, „die Parteibasis gegen die Parteispitze zu mobilisieren“. Das hohe Gremium Bundesparteitag habe schließlich die Steuerreform beschlossen. Die Vizekanzlerin lässt ihre Version von „Regierungsverantwortung“ ausrichten. „Man könne nicht mit einer Liste von Wünschen ans

Christkind kommen." Das Echo aus Kärnten: „Wenn sie ihre eigenen Parteitagsbeschlüsse als Christkind qualifiziert, so bleibt ihr das unbenommen." Der Countdown für Knittelfeld kann beginnen.

Der FPÖ-Nationalratsklub legt sich gegen Jörg Haider quer und lehnt seine Forderung nach einer Steuerreform ab. Haider kommt knapp vor Ende der Sitzung. Klubchef Peter Westenthaler erteilt ihm das Wort, später als der Kärntner es sich wünscht, und Jörg Haider kann sich im Klub dann auch nicht mehr durchsetzen.

Am nächsten Tag ruft Kurt Scheuch aus Kärnten alle blauen Nationalratsabgeordneten an. Er will sie auf die Steuerreform einschwören. Die Aktion läuft schief, Peter Westenthaler dürfte den Klub im Griff gehabt haben. Dramatische Drohgebärden aus Kärnten. Jörg Haider stellt seiner Partei ein Ultimatum. Er erwarte sich eine Klärung des Kurses bis spätestens Oktober und er droht für den Herbst mit einem Sonderparteitag. In diesem Gremium müsse der Beschluss, die Steuerreform zu verschieben, rückgängig gemacht werden. Jörg Haider dürfte da schon Pläne gehabt haben, seine Nachfolgerin zu beschädigen, und begab sich auf die Suche nach politischen Komplizen.

Was für ein Sommer für die Medien. Alle „Meldungslöcher" wurden gefüllt. Mit Gerüchten und Interna aus dem Lager der Freiheitlichen. Hochsaison für das journalistische Vermutungsgewerbe. Es gab wenige Monate, in denen sich – wie im August 2002 – die Meldungen aus dem blauen Lager täglich überschlugen.

Von Knittelfeld war noch lange nicht die Rede. Aber am 24. August 2002 ließ die Vizekanzlerin aufhorchen. Ihre Gegner in Kärnten bastelten indes schon an der Inszenierung eines Sonderparteitages. Susanne Riess-Passer kündigte erstmals ihren Rücktritt an, sollte es zu dieser Veranstaltung kommen. Sie sagte, sie würde „in diesem Fall überhaupt nicht mehr zur Verfügung stehen." Am Tag danach ein Signal des Finanzministers. Auch er drohte mit Rücktritt, sollte die Steuerreform auf diese Weise zustande kommen. Jörg Haiders Antwort ließ nicht lange auf sich warten: „Wenn diese undemokratische Gesinnung aufrechterhalten wird, dann gibt es meinen totalen Rückzug. Dann sind all jene zu 100 Prozent in der Verantwortung, die diesen Weg gehen wollen. Dann werden wir sehen, was von der FPÖ 2003 noch überbleibt."

Man kann nach so vielen Jahren verlässlich zwischen Jörg Haiders manischen und seinen depressiven Phasen unterscheiden. Seinem damaligen Biorhythmus zufolge dürfte es eine manische Phase gewesen sein. Was tat Haider? Er zog wieder die „Rücktritts-Karte" aus dem Talon. Doch nicht nur das, auch ein Volksbegehren für die Steuersenkung stand auf dem Kärntner Programm. In seiner Partitur stand wieder die bekannte Tonart. Er werde sich „an die Spitze einer Bürgerbewegung quer durch Österreich stellen" und gleichzeitig „einen Finanzierungsplan für die Steuerreform 2003 präsentieren". Noch am selben Tag werden Plakate für das Anti-Regierungs-Volksbegehren präsentiert: „Dem Wähler verpflichtet. Ja zur Steuerreform."

Die Vizekanzlerin kontert auch mit einer Volksbefragung. Der Slogan: „Hochwasser-Hilfe statt Steuerreform". Jörg Haider schmollt: „Zynisch" – und schon am nächsten Tag sagt er sein Volksbegehren-Projekt „vorerst" ab.

Er stellt freilich noch eine Bedingung für seinen Rückzug, die FPÖ-Spitze müsse noch einmal mit ihm über mögliche Steuererleichterungen diskutieren. Ganz der politische Galan: „Das ist ein großes Entgegenkommen meinerseits." Mit dem dürfe die Parteiführung „nicht leichtfertig umgehen". Wenn es „nicht möglich sei und die Partei nicht bereit sei, einen Schritt in dieser Frage auf uns zuzugehen", zwinge sie ihn, sich aus der Politik zurückzuziehen.

Sein ehemaliger Darling Karl-Heinz Grasser schießt trotzig zurück: Es gebe kein Geld für eine baldige Steuerreform.

Die Innenpolitik erinnert in jenen Tagen an ein MTV-Video. Die Ereignis-Sequenzen werden immer kürzer. Jörg Haider will den Koalitionspakt neu verhandeln. Die Vizekanzlerin stellt die Vertrauensfrage. Sie will die „Richtungs-Entscheidung" herbeiführen.

Alles an nur einem Tag im August 2002. Bei den Krisen der Blauen gibt es immer „Geheimtreffen". Wer trifft sich jetzt? Jörg Haider und das Regierungs-Team aus Wien. Die Vizekanzlerin rückt inhaltlich nicht von ihrer Position ab. Sie fragt den Landeshauptmann, ob er denn nicht Lust habe, mit ihr in die Regierung zu gehen. Haider lehnt ab. Nur wenige Stunden später lässt er verlautbaren, er werde sich „völlig und endgültig“ aus der Bundespolitik zurückziehen. Die Partei, so sagt er, verfolge in der Regierung eine andere Linie, als sie unter seiner Mitwirkung nach der Nationalratswahl 1999 konzipiert worden sei. Er wolle „nun nicht mehr stören“ und der Parteiführung die Chance geben, „ihre Arbeit zu tätigen mit der Möglichkeit, dass sie die volle Verantwortung dafür trägt“. Lakonisch die Vizekanzlerin: Sie akzeptiere die „persönliche Entscheidung“ Haiders zum Rückzug.

Das war an einem Freitag, am 30. August 2002. Schon am Samstag, dem 31. August, bemüht sich die Parteichefin um Harmonie in der blauen Familie. Sie sagt, dass sie sich „immer den Zielsetzungen Jörg Haiders verpflichtet gefühlt“ habe. Sie stehe nach wie vor auf dem Boden des von Haider mitverhandelten Regierungsprogramms, 90 Prozent davon seien bereits umgesetzt, die Steuerreform nur aufgeschoben, aber nicht aufgehoben. Man werde sich auch nach Jörg Haiders Rückzug anstrengen, „sein Vertrauen zu rechtfertigen“.

Jörg Haider: Er sei bereit, die Partei wieder zu übernehmen. „Wenn Sie so wollen, bin ich sicherlich ein Sisyphus der Partei, der bereit ist, den Stein wieder nach oben zu bringen.“ Im selben Atemzug setzt er noch eine Verschwörungs-Legende in die Welt: „Meine Partei … hat sich mit den Gegnern verbündet, um mich … zur Strecke zu bringen.“

Wenige Tage vor Knittelfeld. Die Vizekanzlerin wollte ihre Blauen auf Vordermann bringen. Sie setzte sich mit den Landesparteichefs in Verbindung. Geplant war ein vertrauliches Treffen für den 1. September in Salzburg. Die Zusammenkunft kam nicht zustande. Aus einem einfachen Grund – die „Verschwörer“ gingen nicht ans Telefon. Sie hießen Martin Strutz, der Kärntner FPÖ-Obmann, Hilmar Kabas, der Wiener Chef der Blauen, und Hans Achatz, Landesparteiobmann in Oberösterreich. Sie hatten sich schon mit Jörg Haider verbündet. Der Termin um 17 Uhr fiel flach. Ring frei für Knittelfeld …

Der Klubobmann erzählt

Peter Westenthaler nippt an seinem Kaffee. Sein Handy schweigt. Auszug aus dem Gespräch mit dem ehemaligen Klubobmann, Jänner 2004, in seinem Büro der Fußball-Bundes-Liga im Wiener Happel-Stadion. Er vertieft sich in seine Erinnerungen an die „Schicksalstage der Blauen" im Sommer 2002: „Wissen Sie, die Misere hat nicht erst im August 2002 begonnen, das nahm alles schon früher seinen Lauf. Ich konstatierte eine schleichende, sich ständig fortsetzende Vertrauenskrise zwischen Jörg Haider, seinem Kärntner Umfeld, der Wiener Regierungsmannschaft und mir, dem Klubobmann. Einen schweren Zwischenfall gab es in diesem Jahr bereits im Februar. Wir waren in einigen Fragen nicht auf einer gemeinsamen Linie, etwa in der Medienpolitik, konkret ging es um den ORF. Es ging um Redakteure – es gab unterschiedliche Meinungen, wer was werden sollte am Küniglberg. Da hat es begonnen, da entstanden die ersten Haarrisse im Gebälk."

Peter Westenthalers Aussage deckt sich ziemlich mit jenen der Vizekanzlerin. Im Sommer 2002 war die Geschichte schon gelaufen. Bereits im Februar 2002 waren die Blauen, nach einem Sprachbild des Klubobmanns, „schon mit anderthalb Füßen weg vom Fenster". Vieles sei vertagt und verschoben worden, man habe sich zusammengerauft, aber offensichtlich seien persönliche Verletzungen nicht ausgeheilt worden. „Wir gingen beruhigt ins Frühjahr, auch wenn es Konflikte mit der ÖVP gab, sie wurden überdeckt. Der August, ja das war ein Ausbruch, das Auseinanderdriften wurde stärker, aber glauben Sie mir, die Abfangjäger waren nicht das Thema, auch nicht für Jörg Haider. Wir waren doch immer für die Abfangjäger. Es ging nur darum: Wie vertritt man diese Sache? Noch dazu, wir stellten ja den Verteidigungsminister. Es ging im Jahr 2002 eher um Fragen des Stils, um Fragen, wie wir uns in der Koalition verhalten, aber auch um viele Nebensächlichkeiten." Die große Frage, an der es dann vorgeblich gescheitert ist, nämlich die Steuerreform, die sei intern gar nicht so wichtig gewesen.

Für Peter Westenthaler war das Jahr 2002 ein „sichtbares Auseinanderleben" der Interessen zwischen Kärnten und Wien. Diese Entfremdung habe sich dann auch in allen Detail-Konflikten niedergeschlagen.

Peter Westenthaler nennt ein Beispiel. „Susanne trat ihren wohlverdienten Urlaub an, und just in diesem Augenblick ruft Jörg Haider an und verlangt einen Sonder-Ministerrat, wissend, dass die Vizekanzlerin gar nicht da war. Oder die Geschichten rund um die Treffen in Kärnten mit ausländischen politischen Gruppierungen, solche Störfälle waren hinter den Kulissen nur mit riesigen Schwierigkeiten zu glätten. Querelen ohne Ende, ich denke da noch an Jörg Haiders Pressekonferenz, in der er die Vizekanzlerin als ‚unbeflecktes Lamm' bezeichnete. Also, da gab es schon von Anfang an ein Hin und Her von Emotionen und Meldungen, das alles schaukelte sich dann hoch – bis Knittelfeld."

Die Knittelfeld-Story

Jörg Haiders Inszenierung
Augenzeugen berichten

Es war Montag Vormittag, der 2. September 2002. Ewald Stadler versammelt die Rebellen. Sie heißen Strutz, Achatz, Marchat und Kabas. Sie sitzen mit dem Volksanwalt zusammen. Jörg Haider zieht die Fäden im Hintergrund. Das Fax-Gerät glüht. Bis zum frühen Nachmittag werden 380 Unterschriften von Delegierten für einen Sonderparteitag gesammelt. (Siehe Faksimile des Aufrufs zur Unterschrift im Anhang). Der Kärntner Strutz greift zum Telefon. Er ruft die Parteichefin an und setzt sie unter Druck. Es ist ein Ultimatum. Er verlangt von ihr, drei Bedingungen zu erfüllen: Sie müsse die Initiatoren der Unterschriftenaktion zu einem Gespräch empfangen, die Sitzung des Parteivorstandes am Abend absagen und eine Klausur zum Thema Steuerreform einberufen.

Die Vizekanzlerin reagiert unwirsch: „Ihr habt ja den Termin mit den Landesparteiobleuten platzen lassen und ich habe jetzt keine Lust auf ein Treffen."

Jörg Haiders Mann, Ewald Stadler, packt die Unterschriften in seine Aktentasche und geht zu Fuß zur Bundesgeschäftsstelle in der Wiener Esslinggasse. Peter Westenthaler erinnert sich an diesen Tag: „Der Ewald platzt in unser Büro. Ich war dort und Karl Schweitzer. Ewald drückt ihm ein Stapel Unterschriften in die Hand. So, da sind sie, die Unterschriften für den Sonderparteitag. Ich erinnere mich an diesen Augenblick, Stadler, mit einem breiten Grinsen und mit einer Erfüllung, als ob er vor dem Christbaum stehe. Dann sagt er zu uns: ‚Do san's jetzt, es gibt einen Sonderparteitag.' Das war Stadler pur. Haider hat das sicher gewusst, aber ich weiß nicht, ob er das wirklich gewollt hat. Er hätte ja die Drohung eines Sonderparteitages selbst aussprechen können. Haider hätte doch keine Unterschriften gebraucht, weil die Basis ja eh hinter ihm stand, das war doch immer so."

Ein Ultimatum

Folgendes ereignete sich vor der Krisensitzung des Bundesparteivorstandes im Wiener Hotel „Hilton-Plaza". Jörg Haider trifft sich im Wiener Kaffeehaus „Landtmann" mit dem ehemaligen Bundesgeschäftsführer Gerry Mischka, der Steirer Harald Fischl stößt auch noch dazu. Was da geredet wurde, darüber existieren keine Angaben. Danach beginnt der Krisengipfel im Ballsaal des Hotels um 18 Uhr, er zieht sich bis 6 Uhr früh des nächsten Tages hin. Das Ergebnis: Der Vorstand bekennt sich mit zwei Gegenstimmen zur Koalition. Doch falls es zu einem Sonderparteitag kommen sollte, dann würden die Parteispitze und die blauen Minister zurücktreten. Die Parteichefin will, dass die Unterschriften zurückgezogen werden und sie stellt ihrerseits ein Ultimatum. Sie nennt den Montag, den 8. September – die Parteichefin dürfte es schon gewusst haben, das war der „Schicksalstag" der Blauen.

Peter Westenthaler erinnert sich: „Ich traue mich zu behaupten, dass ich in jener Nacht das Szenario für das politische Schicksal meiner Partei vorgezeichnet habe. In jener Nacht habe ich den Anwesenden Folgendes klargemacht. Ich sagte, ‚wenn wir uns zerstreiten, wenn die Susanne zurücktritt und ich mit ihr, dann ist das nicht nur das Ende der Koalition, das wird dann auch das Ende der FPÖ als ernstzunehmende Regierungspartei sein. Wir werden zurückfallen auf 10 Prozent und bei den nächsten Landtagswahlen aus den Landesregierungen fliegen. Wir werden zurückgestuft auf 7 bis 10 Prozent.'" Peter Westenthaler war offenkundig ein ernstzunehmender Prophet.

Ein Mann erkannte die Zeichen „seiner" Zeit: Thomas Prinzhorn zog seine Unterschrift für den Sonderparteitag zurück. Die Vertreter der „reinen Lehre" spielten unterdessen ihr eigenes Spiel, nachweislich mit dem Segen des Kärntner Landeshauptmannes. Jörg Haider wusste, er konnte sich auf Ewald Stadler verlassen. Der harte Kern der Rebellen, die sich um den Volksanwalt geschart hatten, telefonierten unterdessen unverdrossen durch alle Landesorganisationen und überredeten die Funktionäre mit Erfolg, ihre Unterschriften nicht zurückzuziehen. Was tat unterdessen Jörg Haider? Er sagte, er werde alle Delegierten, die für einen Sonderparteitag unterschrieben hätten, nach Knittelfeld zu einer Versammlung einladen.

Es gab noch einen Auftritt von Jörg Haider mit dem oberösterreichischen FPÖ-Chef Achatz auf der Welser Messe. Das war am Donnerstag, den 5. September. An diesem Tag schlüpfte Jörg Haider in die Rolle des Versöhnlichen. Er bestehe nicht auf dem Termin 2003 für die Steuerreform. Knittelfeld diene lediglich dazu, die Delegierten von der Hinfälligkeit eines Sonderparteitages zu überzeugen. Freilich nur für den Fall, dass die Parteispitze eine große Steuerreform 2004/2005 akzeptiere. Die Parteiobfrau und Vizekanzlerin stand wieder im „Kärntner Regen“.

Der Lauf der Ereignisse

Stunden später, am Freitag, den 6. September 2002, beginnt eine Schlammschlacht hinter den Kulissen. Böse Gerüchte werden lanciert. Haider habe seit seinem Rückzug als FPÖ-Obmann als „einfaches Parteimitglied“ insgesamt mehr als 1,5 Millionen Euro an Spesen kassiert, und man versucht auch, die Parteivorsitzende zu beschädigen. Sie wolle im Wiener Nobelbezirk Döbling ein Penthouse um 750000 Euro kaufen.

Nach der internen Parteichronik haben sich die weiteren Ereignisse folgendermaßen abgespielt. Ewald Stadler klopft zwei Tage vor Knittelfeld im Bundeskanzleramt an die Tür der Vizekanzlerin. Er schlägt ihr vor, sie solle auf den Vizekanzler-Posten verzichten, es genüge, wenn sie Ministerin für Beamte bleibe.

Am Abend dieses Tages fährt die Parteichefin in den Ort Obdach in der Steiermark. Dort trifft sie sich mit Jörg Haider. Es ist eine Art Aussprache. Man isst, trinkt und formuliert nebenbei eine „Versöhnungs-Resolution“ (siehe Faksimile im Anhang). Haider legt an diesem Abend ein Bekenntnis zum Regierungskurs ab, ein Trost für die Vizekanzlerin. Jörg Haider gibt sich versöhnlich. Er lenkt ein und verzichtet auf die Steuersenkung im Jahr 2003, er hat keine Einwände gegen den Kauf der Abfangjäger und er unterschreibt auch die EU-Osterweiterung. Jörg Haider auf Regierungskurs – er unterschreibt an diesem Abend auch die Vorgangsweise für Knittelfeld und erklärt sich bereit, die Resolution in der Steiermark vorzutragen.

Man isst sich zusammen. Was für ein vertrautes Muster. Nach dem steirischen Dinner verbreiten die Anhänger der Chefin die frohe Kunde von der Einigung mit Jörg Haider.

Das zweite Ohr des Klubobmannes Peter Westenthaler war das Handy. Nach jenem Freitag Abend mit Jörg Haider rief Susanne Riess-Passer ihren Klubobmann in Wien an. Der kann sich noch gut erinnern:

„Mir hat Susi eine Geschichte erzählt, die mir unvergesslich ist, es war so um 1 Uhr in der Nacht. Sie sagte, ‚wir haben nun einen Kompromiss gefunden und es schaut jetzt gut aus für Knittelfeld. Ich habe alles mit Jörg vereinbart. Nicht nur den Inhalt, auch den Ablauf. Er wird sich als erster zu Wort melden und wir haben auch vereinbart, was er sagen wird. Er wird sagen: Aus, wir sind alle ein Team. Peter, das hat sich wirklich toll angehört.‘ Ich war skeptisch, ‚wart ab, Susi, ich wünsch es, dass es so passiert. Ich trau dem nicht‘. Susi sagte, ‚komm, sei nicht so negativ.‘ ‚Nein, Susi, ich glaub nur nicht mehr daran. Ich glaub nicht, dass das auch nur 24 Stunden halten wird.‘“ Westenthaler: „Es war damals halt unsere Erfahrung, dass keine Vereinbarung gehalten hat.“

Showdown

Knittelfeld, Samstag, den 7. September 2002. Der letzte Akt im „blauen Drama“ beginnt.

Peter Westenthaler sollte recht behalten. Es kam alles ganz anders, als die Parteichefin mit dem „einfachen Parteimitglied“ Jörg Haider ausgemacht hatte. In Knittelfeld hintertrieb Jörg Haider alle Vereinbarungen, die er am Abend zuvor mit der Parteichefin getroffen hatte. Er unterließ es, die Delegierten dazu zu bewegen, die Unterschriften für den Sonderparteitag zurückzunehmen. Er stellte sich auch tot, als seine Resolution auf offener Bühne zerrissen wurde. Auf der Busfahrt der Wiener Delegierten nach Knittelfeld wollte der Klubdirektor Josef Moser noch Stimmung machen. Er verteilte das Papier, im Glauben an ein Happyend.

Das Susanne-Jörg-Papier, am Abend zuvor sechs Stunden lang ausgehandelt, kursiert im Saal, aber dann stellt sich heraus, dass Jörg Haider damit nichts mehr zu tun haben will. Sein Kärntner Gefolgsmann Kurt Scheuch marschiert zum Podium und ruft: „Diese Resolution von Frau Passer ist eine Schweinerei. Alles undemokratisch und der Inhalt passt besser zur KPÖ.“ Scheuch hebt das Papier in die Höhe und zerreißt es unter dem

Beifall vieler Delegierter. Karl-Heinz Grasser, der Finanzminister, will auch etwas sagen, findet aber kein Gehör. Herbert Scheibner schwenkt zu Jörg Haider hinüber und präsentiert seine Version eines „Kompromisses“. Der Kärntner Landeshauptmann bringt sich handschriftlich in dieses Papier ein und findet dann den Inhalt „zielführender und substanzieller“ als das Verhandlungsergebnis mit der Vizekanzlerin (siehe Faksimile im Anhang).

Dann schaltet sich Jörg Haider ein. Er fragt die Delegierten, ob sie diesen Kompromiss-Vorschlag annehmen können. Sie konnten. Ohne Abstimmung. Der Wunsch des Herrn war ihr Befehl. Was stand eigentlich in diesem Knittelfelder Papier? Darin wurde eigentlich der Koalitions-Vertrag gekündigt. Darin wurde die Einsetzung einer Steuerreform-Kommission verlangt, mit dem Ziel, die Reform noch 2003 umzusetzen. Ein weiterer Kernpunkt: die Einberufung eines Parteitages zum Thema EU-Osterweiterung, noch vor der Ratifizierung im Nationalrat. Jörg Haider meldete sich über Knittelfeld wieder in die Bundespolitik zurück. Er wusste, was er damals dem Publikum schuldig war: kein Geld für die Abfangjäger, nicht vor einer Steuerreform. Die Vizekanzlerin habe bis Montag Zeit, diese Bedingungen anzunehmen.

Ewald Stadler wird zum „treuhänderischen Sachwalter“ der Unterschriften bestellt. Als das über die Bühne ging, hielt sich die Parteichefin im Burgenland auf, dort ging es um den Landtags-Wahlkampf.

Knittelfeld aus einer anderen Perspektive. Klubobmann Peter Westenthaler war nicht in Knittelfeld. Es saß an jenem Tag – wie ein Wink des Schicksals – am Nachmittag im Wiener Happel-Stadion – dort, wo er heute nach seinem Abgang aus der Politik beruflich sitzt.

Peter Westenthaler hat die Ereignisse noch in Erinnerung: „Ich hab mir ein Ländermatch angeschaut. Vor mir saß Wolfang Fellner von ‚News‘ und hinter mir Minister Martin Bartenstein. Denen hab ich gesagt, ich hätte schon Neuigkeiten aus Knittelfeld bekommen. Denn da waren Leute dabei, die mich ständig informiert haben. Ich hab von der ersten halben Stunde an gemerkt, da läuft alles schief. Ich plauderte mit Fellner und Bartenstein. Da berichtete mir ein Anrufer, das Papier sei zerrissen worden, das Papier, das Moser noch im Bus verteilt hatte. Da wusste ich, das kippt in eine andere Richtung. Ich sagte zu Fellner, ‚du, I find des witzig. Wir waren eigentlich in den letzten Jahren die schärfsten Konkurrenten, wir haben über Hunderte Prozesse miteinander geführt und jetzt erleben wir beide das politische Ende der FPÖ.' Schallendes Gelächter … Der Fellner hat nur geschmunzelt, ‚na, na, des wird eh guat … Ich habe eine Redakteurin dort, die berichtet, die werden sich schon einigen.' ‚Na', sag ihm zu ihm, ‚das ist vorbei.' Der Bartenstein hinter mir ist bleich geworden. Er fragte: ‚Was ist da los?'"

Die Entscheidung

In Wien, die Uhr zeigt schon gegen 1 Uhr. Vor der Wohnung der Vizekanzlerin suchen drei Autos einen Parkplatz. Klubobmann Westenthaler, Finanzminister Grasser und ein Assistent der Parteichefin finden sich zu einem politisch schicksalhaften Rendezvous ein. Susanne Riess-Passer sagt den Gästen, dass sie Jörg Haiders Spiele satt habe.

Die blaue Tafelrunde sitzt zusammen. Von Samstag auf Sonntag. In jener Nacht, als Westenthaler, Karl-Heinz Grasser und ein Mitarbeiter der Parteichefin im Wohnzimmer einander gegenüber saßen, da fiel die Entscheidung. Peter Westenthaler beschreibt die Stimmung: „Uns war klar, wir müssen eine Entscheidung herbeiführen, das Herumlavieren hat keinen Sinn mehr." Die Parteiobfrau entschließt sich noch in dieser Nacht für ein rasches Zusammentreffen der freiheitlichen Führungsspitze.

Tags darauf, am Sonntag, dem 8. September 2002, kommt es am Vormittag in der FPÖ-Bundesgeschäftsstelle gegenüber der Wiener Börse zum Crash.

Dramatik und Tränen. So war die Stimmung, als die Vizekanzlerin, der Finanzminister und der Klubobmann ihre Jobs vor dem Partei-Publikum hinschmissen. Jörg Haider kam gegen Mittag, da war die Botschaft schon draußen, danach trudelten die Landeschefs ein. Die Nerven lagen blank.

Sitzungs-Teilnehmer erzählen, Generalsekretär Karl Schweitzer habe nur mühsam Tränen unterdrückt und Staatssekretärin Mares Rossmann sei von einem Weinkrampf geschüttelt worden.

Jörg Haider, ganz cool, meldete sich zu Wort: „Ich sehe überhaupt keine sachlichen Motive von der Susanne. Ich frage mich, was für mysteriöse Gründe wirklich dahinter stecken. Das ist schon sehr merkwürdig." Grasser und Reichhold kontern Haider, der dann zwei Stunden nichts mehr sagt. Um 19 Uhr verlässt er die Sitzung und fliegt nach Klagenfurt. Man einigt sich auf Herbert Scheibner als interimistischen Parteiführer.

Ein langer Tag. Um 21 Uhr machen die Vizekanzlerin, der Finanzminister und der Klubobmann ihren Rücktritt publik. Jörg Haider steigt zu dieser Zeit in Klagenfurt gerade aus dem Flugzeug. Dort hört er im Radio vom Rücktritt seines Wiener Teams. Der Landeshauptmann wirkte nach dieser Meldung ziemlich geschockt. So erzählen es seine Begleiter.

In diesem Augenblick erinnerte sich Jörg Haider an ein Vier-Augen-Gespräch mit Wolfgang Schüssel. Der sagte ihm, noch vor Knittelfeld, bei einem privaten Treffen: „Lieber Jörg, du musst dir im Klaren sein, wenn wesentliche Leute deiner Regierungsfraktion zurücktreten, dann gehe ich in Neuwahlen."

Die Regierungs-Hütte brennt. Wolfgang Schüssel trommelt seine Führungsspitze zusammen. In der ÖVP war man vor diesem Eklat nachweislich bestrebt, Riess-Passer, Grasser und Westenthaler den Rücktritt auszureden. Westenthaler erinnert an das Drängen der Volkspartei, nicht zu gehen. „Ich weiß, wie die ÖVP unseren Rücktritt erlebt hat, die waren auch alle fassungslos, und wir in der FPÖ ahnten wirklich nicht, dass es zu Neuwahlen kommen wird. Haider hat sein Gespräch mit Schüssel auch nicht preisgegeben. Der hätte ja wissen müssen, wenn es zum Bruch kommt und wesentliche Exponenten der FPÖ zurücktreten, dann gibt's Neuwahlen. Das hätte ihm doch klar sein müssen." Westenthaler: „Jörg Haider unterlag einer Kette von persönlichen Fehleinschätzungen. Er glaubte 1.) Wir treten nicht zurück und 2.) Es wird keine Neuwahlen geben. Er dachte, ok, da sind halt drei zurückgetreten, wir besetzen die neu, und dann geht es weiter."

Die Tage danach

Man kann schon den Eindruck gewinnen, dass einige Vorgänge abgesprochen waren. Denn schon am Montag, dem 9. September 2002, etwa um 15 Uhr, verkündeten der Regierungschef und die Vizekanzlerin das Ende der Koalition und Neuwahlen.

Schüssel kann sich in diesem Augenblick allerdings eine Neuauflage der Koalition mit den „Reformkräften" und „Patrioten, denen man vertrauen kann" in der FPÖ vorstellen. Was ist damals Jörg Haider dazu eingefallen? Er lässt seinen Wiener Gefährten ausrichten, dass er die Partei nicht übernehmen wolle.

Am Dienstag, dem 10. September 2002, hält sich Jörg Haider in Liechtenstein auf. Er sagt dort: „Österreich steckt in einer handfesten Regierungskrise." Die hätten allerdings nicht er und die FPÖ zu verantworten, sondern jene, „die das Regieren wegen eines Elementarereignisses beendet haben". Bedenken, Neuwahlen könnten zum Bumerang für die FP werden, habe er nicht: „Ich glaube nicht, dass uns die Keule des Wählers treffen wird." Die Verantwortung für Neuwahlen liege beim Regierungspartner: „Wir haben die Neuwahlen ja nicht provoziert. Die Entscheidung liegt beim Bundeskanzler. Er muss nun entscheiden, ob er gleich in Pension geht oder noch durchhalten will."

Jörg Haider erklärt den Wienern die Situation noch am selben Tag. Die FPÖ werde in Neuwahlen „besser abschneiden, als wenn sie noch ein halbes Jahr in der Regierung geblieben wäre". Kritik an Haider kommt dann von Hans-Jörg Schimanek, Exlandesrat in Niederösterreich und jetzt Bezirksrat der Wiener Freiheitlichen. Haider habe sich von Volksanwalt Ewald Stadler zu etwas verleiten lassen, „dessen Konsequenz er selbst nicht habe abschätzen können". Die jetzige Situation habe Haider sicher nicht gewünscht. Schimanek spricht von einem „Schuss nicht in ein Knie, sondern in beide". Jörg Haider sei mit VP-Volksanwalt Stadler „einem falschen Götzen erlegen". Jörg Haider erklärt, er habe mit Scheibner vereinbart, dass dieser den Kaufvertrag zu den Abfangjägern nicht unterschreiben werde. Scheibner interpretiert dies als „Missverständnis". Er würde sehr wohl an der Vertragsunterzeichnung festhalten. Weiter auf dem Kurs der Beliebigkeit: Der Kärntner Kurt Scheuch kündigt an, die sechs Kärntner Abgeordneten würden im Nationalrat nicht für die Finanzierung stimmen.

Mittwoch, 11. September 2002. Jörg Haider lotet die Parteistimmung im Design-Zentrum in Linz aus. Das Stück lautet: Kann man ihn überreden, wieder Obmann der FPÖ zu werden? Er wird von einem Teil der Delegierten mit Pfiffen und nach unten gestrecktem Daumen begrüßt. Zu Stellvertretern werden

Ursula Haubner (Haiders Schwester), Thomas Prinzhorn, Herbert Scheibner und Hubert Gorbach für den Parteitag am 21. September nominiert. Sozialminister Herbert Haupt wird Spitzenkandidat für die kommende Wahl. Dieser, auf die Frage, ob man Haider angesichts dessen Verhaltens in den vergangenen Wochen noch vertrauen könne: „Haider ist in seiner Gedankenwelt den Menschen meist voraus. Viele seiner Konzepte, die heute wie Bocksprünge ausschauen, werden erst später nachvollziehbar." Daher wolle er, Haupt, als „Übersetzer und Erklärer" der Haiderschen Ideen und Vorhaben wirken.

Interpretationen eines „Betriebsunfalls"

Am Donnerstag, den 12. September 2002, kommt aus Vorarlberg die Nachricht, gegen Stadler werde ein Antrag auf Parteiausschluss vorbereitet. Thomas Prinzhorn lässt über einen Sprecher erklären, er werde bei der Nationalratswahl nicht mehr antreten, später heißt es dann, er werde „natürlich" antreten.

Jörg Haider nennt die Turbulenzen in der FPÖ einen „kleinen Betriebsunfall". Mit dieser Einschätzung dürfte Jörg Haider die wahre Situation in seiner Partei gründlich unterschätzt haben. Seine Getreuen glaubten auch an eine „Inszenierung".

Peter Westenthaler indes widerspricht dieser These: „Ich weiß nicht, das würde ja ein Drehbuch voraussetzen. Da gab es keine große Regie. Und wenn, dann waren es schlechte Regisseure. Vieles ist einfach passiert, Knittelfeld, das ist völlig außer Rand und Band geraten. Das ist halt einfach passiert, da war nichts geplant. Viele sagen das heute. Die Mehrheit, die dort war, die kleinen Funktionäre, die wollten das alles nicht. Die sind wirklich nur mitgeschnappt worden von denen, die persönliche Rechnungen begleichen wollten – Stadler, Strutz, Achatz und Kabas –, die meisten sind heute weg. Viele drehten halt an den Schrauben. Doch immer mit dem Hintergedanken, am Ende, da wird's eher wieder gut sein. Jeder – von Jörg Haider abwärts – wollte eine Revolution machen, aber keiner glaubte, dass wir unsere Rücktrittsdrohungen wahr machen werden. Die glaubten, die sind doch von der Politik abhängig und sie können gar nichts anderes. Die glaubten, dass wir uns auf unseren goldenen Sesseln sehr wohl fühlen – Schicki-Miki-Gesellschaft, die Susi, wie damals der Steger. Die meisten und auch der Jörg haben bis zu dem berühmten 8. September nicht geglaubt, dass wir es machen. Es war dann auch eine Riesen-Überraschung."

Herbert Scheibner hat auch einen Kommentar zum „Betriebsunfall": „Wir hatten ein zu schnelles Wachstum, aber kein Skelett, das neues Fleisch tragen kann. Das war immer unser Problem, dass wir zu schnell gewachsen sind. Die FPÖ war nie eine Mitgliederpartei. Oft haben wir mehr Wähler gehabt als Kandidaten. Das hat natürlich auch Glücksritter angezogen, keine Frage. Übertüncht wurden diese regionalen Probleme durch den Bundestrend und später durch den Regierungseintritt. Dann, als es die Krise auf Bundesebene gegeben hat, da gab es kein Auffangbecken. Wir erlebten den freien Fall. Krisen in der SPÖ und in der ÖVP wurden auf ihren regionalen Schienen aufgefangen, die haben Organisationen, die das abgefedert haben. Man kann zwar keinen Trend umkehren, aber man kann abfedern. Die etablierten Parteien haben alles verkraftet. Doch bei den Blauen war alles stark und auf einmal."

Der Fußball-Bundesliga-Manager Westenthaler präsentiert seine persönliche Interpretation des kleinen „Betriebsunfalls" von Knittelfeld.

„Meine These: Neben Jörg Haider gab es bis zum 8. September ein Gefüge. Wir waren krisenfest. Von den achtziger Jahren bis herauf ins Jahr 2002 war immer dasselbe Team da, egal, was passierte. Haider, Rumpold, Riess-Passer, Westenthaler – die vier waren immer da. Manchmal noch Reichhold, Meischberger, Grasser und Scheibner. Ich behaupte nun, dass es ein solches Team nach dem 8. September in der FPÖ nicht mehr annähernd gegeben hat. Haider ist in Kärnten von Leuten umgeben, die ständig gezündelt haben, die den ‚Betriebsunfall' vorangetrieben haben, die wollten einfach, dass wir weg sind. Nachher haben sie ein Chaos vorgefunden und dann ging es schief. Ich habe oft mit Susanne gesprochen und wir sind noch immer verwundert darüber, dass nur zwei Personen den Zusammenbruch der Partei bewirkt haben. Das lässt wohl tiefe Rückschlüsse zu – wie es innerhalb der Partei aussieht und wie es um sie bestellt ist."

Mysteriöses Wochenende

Zurück zur Chronik. Freitag, 13. September 2002, nur sechs Tage nach Knittelfeld. Verteidigungsminister Scheibner lässt Rücktrittsgerüchte dementieren und erklärt „Haider ist mit mir vom Kauf der Abfangjäger überzeugt“. Karl Schweitzer erklärt sich bereit, Nachfolger von Westenthaler als Klubobmann der Blauen im Nationalrat zu sein.

An diesem Freitag betritt Haider knapp nach 19 Uhr das Gourmetlokal „Oskar“ am St. Veiter Ring in Klagenfurt. Er fühlt sich bedroht. So berichtet er am folgenden Montag. Haider bleibt ungefähr eine Stunde im Lokal, nachher soll er in einem nahegelegenen Restaurant gesehen worden sein. Tags darauf eröffnet Haider am Vormittag – ohne Bodyguards – die Klagenfurter Messe. Er wirkt desorientiert, posiert aber gleichzeitig auf einem Skibob. Kurz nach Mittag sagt ihm sein Pressesprecher, dass das Verteidigungsministerium noch diese Woche die Unterschrift unter den Abfangjäger-Kauf setzen will. Haider setzt den Messebesuch fort, fährt dann zu seinem Klagenfurter Haus und schreibt ganz alleine, ohne irgend jemanden zu informieren, die „endgültige Absage“ als Parteiobmann. Die Erklärung wird um 14.39 Uhr per Fax verbreitet. Sie beginnt so: „Klagenfurt (OTS). Im Folgendem darf der freiheitliche Pressedienst Kärnten eine öffentliche Erklärung des Kärntner Landeshauptmannes Dr. Jörg Haider übermitteln...“ Haider führt in dem Fax sein Scheitern auf „wirtschaftliche Interessen mit der Abfangjägeranschaffung“ innerhalb der FPÖ zurück. Schuld sind „die bisherigen Regierungsmitglieder und die sie umgebenden Lobbys und Interessensgruppen“. Nachher verschwindet er bis Montag aus der Öffentlichkeit. Er soll im Bärental gewesen sein, auch in Tarvis wurde er gesichtet. Gleichzeitig kündigt der für außenpolitische Kontakte zuständige FP-Generalsekretär Peter Sichrovsky seinen Rücktritt an.

Der zweite Tag nach der Bedrohung. Ein milder, frühherbstlicher Sonntag. 15. September. Am Vormittag um 11 Uhr telefoniert Jörg Haider mit Herbert Haupt. Was da gesprochen wurde, das wissen nur die beiden. Nachher nimmt Jörg Haider, wieder ohne sichtbaren Personenschutz, an der Einweihung der Pfarrkirche Tiffen am Ossiacher See teil, dann spaziert er zum Erntedankfest im Ort. In der „ORF-Pressestunde“ ist Justizminister

Böhmdorfer zu Gast. Er fordert die zurückgetretenen blauen Regierungsmitglieder und insbesondere Riess-Passer auf, ihre Ämter und Funktionen in Partei und Regierung wieder aufzunehmen. An diesem Sonntag lässt der Interims-Parteichef Reichhold ausrichten, er wolle nicht FP-Parteichef werden. Er wehrt sich dann auch noch gegen die Korruptionsvorwürfe von Seiten Jörg Haiders, die der in seinem Fax verbreitet hat. Haider soll Beweise vorlegen oder die Beschuldigungen und persönlichen Unterstellungen zurückziehen. Scheibner kündigt auch an, den Rechnungshof zum Thema Abfangjäger einzuschalten. Stadler verteidigt an diesem Sonntag in der spanischen Zeitung „El Pais“ das Regime in Bagdad.

Am Nachmittag wird auf dem Fußballplatz im steirischen Bad Radkersburg ein Freundschaftsspiel zwischen den österreichischen und slowenischen Nationalratsteams angepfiffen. Im rotweiß-roten Team stürmt der FP-Generalsekretär Karl Schweitzer. Den Meldungen kann man entnehmen, dass Susanne Riess-Passer es ablehnt, die FPÖ wieder zu übernehmen. Karl Schweitzer ist allein in Bad Radkersburg. In der ersten Halbzeit wusste Schweitzer nicht, dass seine Partei über Nacht praktisch führerlos war. Man hat den Ahnungslosen von Wien aus verständigt und Schweitzer spielte von nun an nur noch mit seinem Mobil-Telefon, das ihm seine Frau am Rasenrand hinhielt. Nach dem Schlusspfiff war der Generalsekretär sichtlich von den Nachrichten aus dem Handy gezeichnet. In einem Gespräch, noch im verschwitzten Dress, ist der Generalsekretär nicht in der Lage, die politischen Vorgänge in Wien in seine Gedankenwelt einzuordnen. Er meint dann resignierend, na gut, wenn die führerlose Partei keinen Führer mehr hat, dann wird halt ein Kollektiv die Macht übernehmen.

Am Montag, dem 16. September 2002, meldet sich Jörg Haider zu Wort. Er spricht über seinen Rücktritt und breitet seine Geschichte aus. Er sei von einem Mann bedroht worden. „Aus den Umständen hat sich bei mir die Meinung verfestigt, dass hier nicht mit normalen Karten gespielt wird. Ich bin nicht bereit, meine Familie zu gefährden. Deshalb habe ich mich aus dem Rennen genommen. Umso mehr, als mir ein holländischer Journalist erzählte, dass Pim Fortyn die Forderung erhoben hatte, dass es keine militärische Nachrüstung geben sollte. Das war offenbar sein Todesurteil. Ich muss der Gewalt weichen!"

Zu- und Absagen

Das Präsidium tagt auf Wunsch des neuen Klubobmannes Karl Schweitzer an einem geheimen Ort, um einen neuen Obmann zu finden. Haider nimmt an der Sitzung nicht teil. Man einigt sich auf Mathias Reichhold. Der bittet um Bedenkzeit. Reichhold sagt in dieser Sitzung um 23 Uhr zu, nach einem Telefonat mit seiner Frau um 1 Uhr früh wieder ab. Hilmar Kabas erklärt am nächsten Tag, dass es nur einen einzigen Kandidaten gegeben habe.

Tags darauf, am Dienstag, signalisierte Mathias Reichhold, damals Infrastruktur-Minister, doch seine Zustimmung, stellt aber Bedingungen. Stunden später, um 16 Uhr, deutet er Gefühle der Ablehnung an. In einem Stimmungswandel nimmt er eine Maschine nach Klagenfurt. Gespräche mit seiner Familie. Haider stimmt Reichhold um. Um 20 Uhr ist Reichhold in Villach bei der Kärntner FP-Parteileitung. Knapp vorher gibt er dann seine Kandidatur als neuer FPÖ-Bundesobmann öffentlich bekannt.

Am selben Tag tritt der oberösterreichische FPÖ-Chef Hans Achatz, einer der Wortführer von Knittelfeld, zurück, um, wie er sagt, „die Partei vor einer Zerreißprobe zu bewahren" und der „Rückkehr Riess-Passers nicht im Wege stehen". An diesem Dienstag wird auch bekannt, dass Haider von seiner „Bedrohung" weder die Polizei noch seine Kollegen in der FPÖ benachrichtigt hat. Er hat auch keine Anzeige gemacht. Auch Innenminister Strasser erklärt, er sei vom Kärntner Landeshauptmann nicht informiert worden. Der frühere Generalsekretär Sichrovsky nennt die Aussagen Haiders im Zusammenhang mit einer angeblichen Bedrohung „absurd". Haider sei außerdem, so Sichrovsky, auch in die Entscheidung für den Kauf der Abfangjäger immer „voll eingebunden" gewesen.

Mittwoch, 18. September. Reichhold berichtet, er habe Schüssel das Angebot gemacht, die Regierungsarbeit ohne vorgezogene Neuwahlen fortzusetzen. Schüssel hat das abgelehnt. Scharfe Kritik übt Reichhold an Haiders Kurs, „der in die Katastrophe führe". Ewald Stadler schließt öffentlich weitere Karriereschritte in der nächsten Zeit für sich aus. Er wolle auch nicht für die Nationalratswahl kandidieren. Im privaten Kreis sagt der Volksanwalt, er habe nach Knittelfeld jede Lust verloren, sich für Jörg Haider in der Öffentlichkeit prügeln zu lassen.

Manische Tage

Die Blauen stecken mitten in einer manischen Phase – von Jörg Haider. Am Donnerstag startet Prinzhorn ein merkwürdiges Manöver, so steht es in den Zeitungen. Er lässt in seinem Namen im Innenministerium anrufen und verlangt Unterlagen und Informationen über eine Parteigründung. Davon aufgeschreckt, rennt Reichhold ins Büro des Nationalratspräsidenten. Prinzhorn legt dort Reichhold ein vierseitiges Papier zur Unterschrift vor, das von Reichhold auch unterzeichnet wird. Der Inhalt: 1.) Prinzhorn wird stellvertretender Parteiobmann und in alle wesentlichen Entscheidungen verpflichtend eingebunden. 2.) Es dürfe nur vier Stellvertreter geben. 3.) Prinzhorns Bürochefin und rechte Hand, Barbara Kappel, kommt an wählbarer Stelle auf die Bundesliste. 4.) Die Abfangjäger müssen aus dem Wahlkampf herausgehalten werden. In jenen Tagen liefert ein Störfall im AKW Temelin der FPÖ wieder einen öffentlichen Anlass, den EU-Beitritt Tschechiens in Frage zu stellen.

Der designierte FP-Chef und Infrastruktur-Minister Mathias Reichhold nennt das Weiterregieren als erstes Ziel der Wahlen. Die FPÖ wolle auch in Zukunft Regierungsverantwortung tragen – wenn auch „nicht um jeden Preis“. „Wir stehen wieder zur Verfügung“, meint Karl Schweitzer bei seinem ersten Auftritt als freiheitlicher Klubchef.

Samstag, 21. September 2002. FPÖ-Sonderparteitag in Oberwart. Bei der Begrüßung bekommen Achatz und Stadler starken Applaus. In Jörg Haiders Abwesenheit wird Mathias Reichhold mit 92,2 Prozent der Stimmen zum Obmann gewählt. Herbert Haupt, als Stellvertreter, bekommt 96 Prozent. Magda Bleckmann 83,1 Prozent, Prinzhorn 72,1 Prozent. In seiner Rede sagt Reichhold: „Es gibt bei uns keine Putschisten. Ich stehe hier, weil Jörg Haider entschieden hat, nicht zum Parteiobmann zu kandidieren … Dieser Mann hat mich auserwählt!“ Jörg Haiders private Bedrohungs-Geschichte ist kein Thema, die Abfangjäger sind auch kein Thema. Burgenlands FP-Chef Stefan Salzl erklärt am Parteitag: „Jetzt geht es um die Abnabelung von Haider.“

Oberwart 2002 sei für die FPÖ eine historische Zäsur, ähnlich bedeutend wie „Innsbruck 1986".

An diesem Tag stürzt die FPÖ in der Hochrechnung des market-Instituts von 17 auf 13 Prozent ab. Schon am nächsten Tag, am Sonntag, lässt Haider über Ö3 ausrichten, Reichhold sei vor allem dank seiner Unterstützung Parteichef geworden. Reichhold kontert, er sei „keine Marionette" von Haider. Noch ein Schwenk der FPÖ in der Abfangjägerfrage. Er, Reichhold, sei jetzt gegen die Anschaffung.

27. September 2002. Parteitag der Landes-FPÖ Oberösterreich. Achatz tritt ab. Nachfolger ist Klubobmann Günther Steinkellner. „Unter zwölf Prozent gehen wir in die Opposition." So Bundesobmann Reichhold.

Nach dem Parteitag in Oberösterreich tagt der Kärntner Landesparteivorstand in Launsdorf. Reichhold erklärt, dass Haider nun doch auf eine Kandidatur bei der Nationalratswahl verzichte, obwohl sich die Kärntner FPÖ einstimmig für sein Antreten ausgesprochen habe. Haider war bei dieser sechs Stunden dauernden Sitzung nicht einmal eine Stunde anwesend und hat die Sitzung vorzeitig verlassen. Reichhold sagt, er hätte auch eine Kandidatur Haiders akzeptiert, fände es aber „großartig, was der Jörg da gemacht hat".

Andreas Mölzer schließlich, der blaue Chef-Publizist, schlägt am Montag, den 30. September, eine Neugründung der FPÖ vor. Man kann es kaum fassen, wie viele Aktionen und Schwenks in nur wenigen Tagen im Lager der Blauen möglich waren.

Reflexionen zu Knittelfeld

Variationen und Interpretationen
Akteure erzählen

Warum eigentlich sind die Vizekanzlerin, der Finanzminister und der Klubobmann nach Knittelfeld zurückgetreten? Darauf gibt es unterdessen viele Antworten. Es hängt natürlich davon ab, wer auf diese Frage antwortet. Gestandene Blaue sagen, die drei hätten ohne Not ihre Ämter hingeschmissen, andere glauben, die ÖVP habe sie „politisch gekauft". Warum aber wollten sie partout keinen Sonderparteitag? Unter dem Strich aller Aussagen kommt heraus: Alle hatten Jörg Haiders manische Querelen satt.

Man muss vielleicht etwas über die „blauen Delegierten zum Parteitag" sagen. Es waren Jörg Haiders Geschöpfe – eine „Manövriermasse der Beliebigkeit", Statisten seiner politischen Launen.

Harald Ofner beschreibt den Typus des Delegierten zum Bundesparteitag so: Dies sei eine Funktion, die häufig von frustrierten Parteifunktionären eingenommen werde. Nun, das klingt nicht schmeichelhaft, was Harald Ofner da über die „Basis-Demokratie" in der FPÖ sagt. Er spricht allerdings aus Erfahrung. Jahrelang musste er sich als Obmann der Blauen in Niederösterreich mit „seinen Delegierten" herumschlagen. „Wenn du in der Partei nichts wurdest, dann wenigstens Delegierter zum Bundesparteitag", sagt Harald Ofner, „aus diesen Delegierten formt sich dann die Masse der Entscheidungsträger."

Harald Ofner saß sein politisches Leben lang in Positionen der oberen Partei-Hierarchie. Aus seiner Erfahrung im Umgang mit „blauen Delegierten" versteht Ofner den Rückzug der Parteichefin noch heute nicht. Niemand habe versucht, sie von ihrer Entscheidung abzubringen. Harald Ofner erklärt, wie er mit der Parteichefin geredet hätte – mit einem väterlich-kritischen Unterton:

„Ich wäre nicht zurückgetreten. Ich hätte mit Händen und Füßen und Telefonaten versucht, sie zurückzuhalten. ‚Kinder, das könnt's doch nicht machen.' Wenn der Stadler mit Unterschriften kommt, na und, ich nehme den Kalender und sage, dann und dort – und das ist die Tagesordnung, sie lautet wie folgt... Das wäre meine Vorgangsweise gewesen. Man darf natürlich nicht vergessen und man hätte auch viel von ihr verlangt, sich anhören zu müssen, wie die Regierungs-Mitglieder gnadenlos niedergemacht werden. Man hätte sie befetzt und beleidigt ... aber sie waren doch alle drei die Kinder von Jörg Haider. Sie haben ihn geliebt und verehrt, sie sind für ihn durchs Feuer gegangen. Der Vater hat sie dann verlassen und sich gegen sie gewendet, das muss man auch wieder verstehen. Die Susanne ist wegen Haider zur Partei gegangen – sie hat den Vater verraten."

Dieses Urteil kann sich indes nicht gegen die Erinnerungen der Vizekanzlerin und des Klubobmannes behaupten. Schließlich holte Norbert Gugerbauer Susanne Riess-Passer in die FPÖ.

„Frontschweine"

Ofner seufzt: „Das ist halt keine Generation der ‚Frontschweine' ... diesen Typus Funktionär gibt es heute nicht mehr."

Was ist ein Frontschwein? „Leute, die 20 oder 30 Jahre lang plakatieren gegangen sind, Leute, die wegen eines Stammtisches mit fünf Personen von Mödling nach Gmünd gefahren sind und um 3 Uhr nachts wieder nach Hause. Das sind die Frontschweine. Ich wäre zu meinen Gegnern hingefahren und hätte mich bis zur Tätlichkeit mit den Leuten auseinander gesetzt. Ich hätte ganz einfach den Parteitag einberufen und dort gekämpft. Aber das ist halt eine andere politische Generation – ich war 13 Jahre Parteiobmann in Niederösterreich, mich haben sie auch beleidigt und offen meinen Sturz betrieben. In der FPÖ war das doch üblich... wir haben immer fünf solcher Partien gehabt. Da bin ich halt nachts zu denen gefahren, ich habe ja alle Adressen gekannt, hab sie beschimpft, hab mich auseinander gesetzt, amol hob I gwonnen, amol halt verloren..."

Der „Drahtzieher" erzählt

Ewald Stadler, der Jurist, hat eigens einen Parteiakt „Knittelfeld" angelegt. Mit persönlichen Notizen und Dokumenten. Daraus geht hervor, dass Jörg Haider über jeden Schritt Bescheid wusste. Er ließ die Ereignisse einfach treiben. Die These der „Einzeltäterschaft“ namens Ewald Stadler kann rückblickend den Fakten nicht standhalten.

„Viele Tage vor Knittelfeld wurde im privaten Kreis über die Chancen eines Sonderparteitages geredet. Am Beginn aber stand ein Treffen beim Haider-Vertrauten Kurt Scheuch, das fand in Kärnten statt. Da waren Leute dabei, die heute wieder in der Regierung sitzen. Wir formulierten einen Text für den Parteitag und die Landesobleute nahmen das Papier für ihre Funktionäre mit. Nach den Statuten war das ein legitimer Vorgang. Jörg Haider gab seinen Sanktus zum Parteitags-Text, mit seinem Wissen wurde das alles abgesegnet. Ich persönlich habe nur überprüft, ob die Unterschriften auch rechtmäßig vor der Einreichung zustande kommen. Es gab dann nochmals ein Treffen in Wien. Ich bekam grünes Licht für die Einreichung. Der Kärntner Martin Strutz war auch anwesend und der hat wohl im Auftrag des Landeshauptmannes gehandelt.“

Was war damals los im Lager der Blauen? Warum trieb ihr politisches Boot im Jahre 2002 unaufhaltsam auf die „Klippe Knittelfeld“ zu? Sie waren ja nur knapp eineinhalb Jahre in der Regierung. Ewald Stadler bietet seine Erklärung an.

„Schleichend verbreitete sich Unmut unter den Funktionären in den Landesorganisationen. Ein Unbehagen war zu spüren … über die Art, wie sich die FPÖ-Spitze bei der ÖVP eingeklinkt hatte. Die Susanne, der Westenthaler und der KHG haben sich zu jener Zeit längst mit der ÖVP abgesprochen. Wolfgang Schüssel hat bei uns Personalpolitik gemacht und die politische Linie bestimmt.“

Was geschah in der Industriellenvereinigung?

Man habe ihm das nicht geglaubt. Nicht schon wieder eine Verschwörungs-Theorie, sagten Stadlers Freunde. Sie kannten seinen Hang, überall Konspiration zu wittern. Doch Dokumente, die im Jahr 2004 aufgetaucht sind, verstärken die Indizien-Lage. Dieser zufolge dürfte die Industriellenvereinigung schon lange vor den Rücktritten ein Strategie-Konzept ausgearbeitet haben, das zum Ziel hatte, die Blauen zu spalten und Karl-Heinz Grasser aus der FPÖ herauszubrechen. Insofern erhält die Homepage-Affäre nachträglich einen anderen Stellenwert. Aus Aussagen des Industriellen Claus Raidl, Wochen vor Knittelfeld, konnte man herauslesen, dass in diesen Kreisen darüber nachgedacht wurde, wie man Jörg Haider und Ewald Stadler loswerden könnte.

Hinter den Koalitions-Kulissen agierten treibende politische Kräfte, die sich einen deutlicheren neoliberalen Wirtschaftskurs wünschten – ohne die blauen Zwischenrufe nach sozialer Ausgewogenheit.

Ewald Stadler: „Das Hochwasser war doch nur ein verlogener Vorwand, die ÖVP wollte damals die Steuerreform nicht, weil auch der KHG sie nicht wollte und die Industriellenvereinigung schon gar nicht. Aber auch andere Konflikte brachen auf – bis hinauf zur Osterweiterung der EU. Dann noch der Abfangjäger-Kauf – vor der Steuerreform, das alles ergab eine üble politische Optik."

„Davor geisterte noch die verheerende Diskussion um die Versorgung von Reinhart Gaugg durch die Medien. Da verlor die FPÖ ihre Glaubwürdigkeit bei den Themen Postenschacher, Objektivierung, Privilegien und Osterweiterung. Diese Anliegen wurden praktisch über Bord geworfen. Das war kein gutes Management – sonst hätte sich die Gaugg-Diskussion nicht monatelang in den Medien halten können. Das war einfach vernichtend."

Augenzeugenberichte

Ein Nebenschauplatz spielt in allen Erzählungen eine Rolle. Am Abend vor Knittelfeld sitzen im steirischen Ort Obdach die Parteichefin und der Kärntner Landeshauptmann in vordergründiger Eintracht zusammen und nach sechs Stunden einigen sie sich auf ein Kompromisspapier, versehen mit Jörg Haiders Handschrift. Doch in Knittelfeld entstand der Eindruck, als ob nur die Vizekanzlerin die „Versöhnungs-Resolution" verfasst hätte. Ewald Stadler wusste damals nicht, was die beiden ausgemacht hatten. „Niemand hat ein Wort gesagt, als der Scheuch das Papier zerriss."

Weder Herbert Scheibner noch Karl-Heinz Grasser meldeten sich zur Wort, um Jörg Haider als Mitautor der Resolution zu nennen. Der saß im Präsidium und schwieg. Susanne Riess-Passer war im Burgenland und Peter Westenthaler saß im Wiener Happel-Stadion.

Nach der Scheuch-Aktion wurde – live – auf der Bühne ein Kompromisspapier erarbeitet. Jörg Haider schrieb mit der Hand einen Entwurf (siehe Faksimile im Anhang). Karl-Heinz Grasser und Herbert Scheibner arbeiteten mit. Beide segneten das Kompromisspapier ab.

Herbert Scheibner am Rednerpult: „Damit kann ich gut leben."

Karl-Heinz Grasser: „Kann gut damit leben."

Grasser und Scheibner informierten Susanne Riess-Passer laufend übers Handy und hielten sie auf dem letzten Stand der Ereignisse. So entstand der Eindruck, dass auch die Vizekanzlerin mit dem Kompromiss gut leben könne.

Stadler: „Es gibt mindestens 300 Zeugen, die in Knittelfeld dabei waren, als Grasser gesagt hat, mit dem Papier könne er leben, wortwörtlich. Er hätte ja damit leben können, auch die Susanne."

„Mein Vorwurf: Susanne, Peter und Karl-Heinz spielten das Spiel der ÖVP. Die wollte nur Neuwahlen. Angesichts des verheerenden Erscheinungsbildes der Blauen war es für die Volkspartei die Chance, die Freiheitlichen wieder auf Platz drei zu verweisen und den Kanzleranspruch an sich zu ziehen, den die FPÖ bis dahin nie aufgegeben hat."

Am Ende der Ereigniskette kam dann tatsächlich ein Sieg der Volkspartei heraus. Und der Anspruch der Blauen auf den Ballhausplatz war damit auch ein für allemal beseitigt.

Nach ihrem Rücktritt habe sich Susanne Riess-Passer sofort bemüht, den blauen Kabinettskollegen Mathias Reichhold zur Annahme des Parteivorsitzes zu überreden. Der hat dann nur heftig gezögert. Niemand an der Parteispitze dachte an Jörg Haider. Der saß „deprimiert" in Kärnten, „enttäuscht vom Verrat" seiner Getreuen, „ein Verrat, den er vorher noch nie erlebt hatte" (Stadler).

Auf dem Parteitag in Oberwart soll Infrastruktur-Minister Reichhold die Haider-Stimmung genutzt haben, um ein hohes Wahlergebnis als Parteiobmann zu erhalten. Die Tagesordnung war entschärft worden, zu den Reizthemen EU-Osterweiterung und Steuerreform gab es keine kritischen Wortmeldungen. Die Regie wollte nur einen Eindruck vermitteln: Die Partei hat ihre Reihen wieder dicht geschlossen.

Feuer am Dach

Die blaue Hütte brennt
„Trauerarbeit" der Überlebenden

Samstag, 23. November 2002. Nur noch wenige Stunden trennen die Blauen von ihrem Desaster. Im Finale nimmt Jörg Haider zu den Reizthemen der innenpolitischen Saison noch einmal den Mund voll: „Schüssel hat die Koalition nur deshalb aufgelöst, damit er in Brüssel ohne Wenn und Aber der EU-Osterweiterung zustimmen kann ... Gusenbauer soll seine Gewerkschafter fragen, ob sie tschechische Facharbeiter in Österreich haben wollen ..." Dann sein Lieblings-Kalauer: „Die FPÖ passt nicht in dieses Konzept von Rot und Schwarz, weil wir die Stimme der Bürger sind. Wir sind den Mächtigen zu unbequem. Ihr aber müsst uns auf diesem Weg unterstützen." Die Wähler hörten damals nicht hin.

Wahlsonntag, 24. November. Die Stimmen sind ausgezählt. Die blaue Welt brennt lichterloh. Feuer ist am Dach. Gerade noch 10 Prozent gaben der FPÖ ihre Stimme. Wolfgang Schüssels Kanzler-Anspruch war mit satten Gewinnen der Volkspartei endgültig zementiert.

Es war so gekommen, wie es die blauen Propheten – aus unterschiedlichen Motiven –, etwa Peter Westenthaler und Ewald Stadler, vorhergesagt hatten. Nun sind viele über Nacht politisch heimatlos – die ehemals „stolzen Statisten" von Jörg Haider. Der virtuelle Politiker erlebte seine bittersten Stunden. Erstmals musste er das Wort „Niederlage" in seinen Sprachschatz aufnehmen. Jörg Haider verabschiedete sich ins innere Exil. Zwei Jahre dauerte seine depressive Phase. Sie endete im März 2004. Ein später Trost für die Blauen. Die Lasten-Verteilung fiel bei den Landtagswahlen etwas gerechter aus. Zwei Jahre zuvor mussten die Blauen ihren politischen Kopf hinhalten, diesmal traf es vor allem die Schwarzen. Man ging in sich und legte Befunde vor. Es gab kein wirklich intellektuelles Unterfutter in der FPÖ, es wäre aber ungerecht, diesen Mangel nur bei den Blauen zu vermuten. Jahrelang wurden die Wähler nur mit aufgeschäumten Slogans bombardiert. Der politische Schlussverkauf zog sich dahin: Man konnte „Bürger-Verträge“ kaufen, „Manifeste“ aller Art lagen in den blauen Auslagen, und Geschichts-Spezialisten konnten in den Hinterzimmern „historische Versprecher“ erwerben – und es gab jede Menge 3. Republik. Alle sind ganz irre geworden. Die Wähler und die Journalisten.

Scherbengericht

Auf der Besucher-Garnitur in seinem Büro wirft FP-Klubobmann Herbert Scheibner einen melancholischen Blick zurück. Was waren das für Zeiten, damals, als die Blauen 52 Nationalräte im Plenum sitzen hatten. Scheibners Rest-Fraktion besteht 2004 nur noch aus 18 Mandataren. Aber Hauptsache, man ist wieder dabei im Regierungs-Establishment. „Was glauben Sie, Herr Klubobmann, wie lange denn die politischen Reparatur-Arbeiten in der FPÖ dauern könnten – 10 oder 15 Jahre?“

„So lange wohl nicht. Das glaube ich nicht.“ Für Herbert Scheibner wäre dies wohl eine unerfreuliche Aussicht. Er meint: „Die ÖVP hat ja in einer Wahl gewonnen, was sie in fünf Wahlen verloren hat. Der Wähler wird kritischer und viele politische Strukturen haben sich aufgelöst. Die Leute fragen: Gibt es Konzepte, kann man etwas entscheiden?“ Herbert Scheibner liebt den philosophischen Exkurs: „Bei den Grünen sieht man das ja auch. Die waren früher doch extrem programmatisch, das haben sie aber in jüngster Zeit abgelegt. Inhaltlich sind die ja auch schwach. Da gibt es heute die Glawischnig, die Gescheite, die Hübsche, da fragt niemand, wo stehen die eigentlich? Mit den Grünen hat sich auch die Kompetenzlage der Blauen verändert. Man kann halt nicht in fünf oder sechs Themen dieselbe Glaubwürdigkeit haben. Ja, wir haben jetzt schon Zeit verloren.“ Die Grundsätze seien den Blauen „a bissl abgegangen“. Es sei der Stress gewesen, man habe sich zu sehr auf die Tagesarbeit konzentriert. Der Wiener Herbert Scheibner, stets der Zweite und die ständige Personalreserve für Spitzenfunktionen, „spürt, dass die Perspektiven fehlen, ohne die man sich auch in der Tages-Politik schwer tut“.

Lag alles nur am Horoskop?

Die Blauen: Das ist die Geschichte einer Wähler-Bewegung von 1986 bis 2004. Von einer Kleinpartei zu einer Mittel-Partei und wieder zurück zu einer kleinen Mittelpartei. So nennt man das heute. Herbert Scheibner glaubt zwei Jahre nach dem Wahldesaster an die Regierungsfähigkeit der Blauen. „Wir haben ohne Zweifel das Regieren gelernt. Die Vorwürfe der antidemokratischen Gesinnung sind weg. Wir haben ein normales Verhältnis zu den anderen Fraktionen, ohne die Polarisierung der alten Zeiten – aber es gibt auch keine überschwängliche Unterstützung mehr für uns. Wir befinden uns im Status der Normalisierung." Die Hurra-Stimmung ist vorbei und das schmerzt die Überlebenden. Man tröstet sich. So was könne halt nicht endlos gehen. Ein Trost, dass niemand in der Politik die Ewigkeit pachten kann – nur Jörg Haider scheint das nach seiner Auferstehung in Kärnten noch zu glauben.

Peter Westenthaler, der Generalsekretär der Fußball-Bundesliga, hat jetzt etwas mehr Zeit, im Sektor A des Wiener „Happel-Stadion" über das Endspiel der Blauen zu grübeln. „Vielleicht lag alles nur an einer schlechten Sternen-Konstellation, warum es in so kurzer Zeit so viele Pannen gab, warum in so kurzer Zeit so viele Fehleinschätzungen passiert sind."

Um Westenthaler ist es ruhig geworden. Er hat sich wieder mit Jörg Haider getroffen. Man habe sich ausgesprochen und sich wieder zusammengeredet.

Oder war Haiders „Versöhnung" doch wieder nur ein taktisches Kalkül, wie Sport-Insider vermuten? Man muss nämlich wissen, der FC-Kärnten, dessen Präsident Jörg Haider heißt, befindet sich nicht gerade in einer rosigen finanziellen Lage. Daher sei es von Seiten des Kärntner Landeshauptmannes auch nur vernünftig gewesen, sich mit dem Bundesliga-Manager Peter Westenthaler zu verständigen. In dieser Funktion könne auf man den „Schlusspfiff" eines Vereins doch Einfluss nehmen, ätzen die Fußball-Profis.

Freiheitliche Misere

Westenthalers letztes Partei-Erlebnis. Unmittelbar nach der Niederlage der Blauen im November 2002. Der Klubobmann erzählt: „Nach dem Absturz war man in der FPÖ auf der Suche nach Schuldigen, wohl um von der Niederlage abzulenken. Ich habe dann im Radio und im Fernsehen gehört, dass jede Menge Partei-Ausschluss-Briefe unterwegs sind. Herbert Haupt hat das verkündet – und dann einen Tag später zurückgezogen. Ich habe dann persönlich auch nie einen ‚blauen Brief' bekommen, obwohl auch ich auf der Abschussliste stand. Nun, ich war damals auch entschlossen zu kämpfen. Ich erinnere mich, Norbert Gugerbauer hat mich angerufen und mir juristische Hilfe angeboten für den Fall, dass man mich vor ein Parteischiedsgericht stellen will. Doch ich erlebte eine unglaubliche Solidaritätswelle aus der Partei. Sogar aus Kärnten. Ich war nie beliebt, das stimmt schon, aber jeder hat gewusst, ich bin ein Arbeitsviech."

Knittelfeld und die Rücktritte. Die Blauen reden noch immer darüber. Auch Ewald Stadler wird zwei Jahre danach nicht müde, diese Ereignisse wie politische Erinnerungsfilme abzuspulen. „Ja natürlich, die Rücktritte haben die FPÖ geschwächt. Es war ja Jörg Haider, der die drei geholt und mit einem riesigen Vertrauens-Vorschuss ausgestattet hat. Deren Handeln, deren Rücktritte und deren Nähe zur ÖVP, das alles hat der FPÖ unglaublich geschadet, das wurde unter den Funktionären bis heute nicht aufgearbeitet. Daher war der Schaden entsprechend groß. Wären wir in unseren Kernfragen – Steuerreform, Pensionsreform und bei der EU-Osterweiterung – standhaft geblieben, dann wäre dies zu einem Problem der Volkspartei geworden, aber geblieben ist nur der Glaubwürdigkeitsverlust im Lager der Blauen."

Stadlers Neigung, Wolfgang Schüssel als Drahtzieher der „freiheitlichen Misere" zu orten, grenzt schon an eine Obsession. Seine Lieblingsthese: Nach den Rücktritten von Susanne Riess-Passer, Peter Westenthaler und Karl-Heinz Grasser sei es für Schüssel leicht gewesen, die Volkspartei als stabiles Element der Republik vorzuführen. Auch die Sozialdemokraten konnten mit Alfred Gusenbauer nicht punkten. Das sei Wolfgang Schüssels einmalige Chance gewesen. Die ÖVP war, so glaubt nicht nur Ewald Stadler, auf die Wahlen vorbereitet, was man damals von den Sozialdemokraten nicht behaupten konnte. Stadler: „Die ÖVP war über alle Vorgänge in der FPÖ bestens informiert und Schüssel konnte die Blauen – quasi als deren Parteichef – dorthin steuern, wohin er wollte. Der Plan ging auf."

Tagebuch des politischen Wahnsinns

Sitzungsmarathon
Widersprüchliche Analysen
Die „Anti-Knittelfelder“

Ein Mosaik der Stimmung nach der Wahl. Es gibt eine Tradition bei den Freiheitlichen, sie nennt sich der „blaue Montag“, da wird im Apparat wenig bis gar nicht gearbeitet. Der Montag danach war diesmal von Nutzen. Die Funktionäre konnten sich wenigstens einen Tag vom Schock erholen.

Nach der Niederlage hetzten die Überlebenden von Sitzung zu Sitzung. Der Dezember 2002 war eine Art Panikmonat. Jörg Haider trat bei einem erweiterten Bundesparteivorstand in Klagenfurt auf. Er übernehme die volle Verantwortung für die Wahlniederlage.

Dann plädierte er für einen „Neustart“ der FPÖ mit Herbert Haupt an der Spitze. Gleichzeitig schloss er nicht aus, notfalls selbst die Partei zu übernehmen. „Bevor die Partei in die falschen Hände gerät, wird man alles tun“, sagte er am Rande der Sitzung und spazierte weg. Zum Abschied sagte der Alt-Obmann, er wolle nicht mehr in bundespolitische Fragen eingebunden werden.

Ursprünglich hätte diese Sitzung unter Ausschluss der Öffentlichkeit stattfinden sollen. Doch wo Haider, da auch Journalisten. So war es nicht verwunderlich, dass Dutzende Medienvertreter den Parteispitzen im Klagenfurter Seminarzentrum „auflauerten“. Ein bissiger Parteichef bellte die Journalisten an. „Sie sollten doch endlich die Wahrheit schreiben.“

Auf der Tagesordnung der Sitzung standen Abrechnungen. Jörg Haider griff seinen Zögling Peter Westenthaler an. Dieser sei „nach zwölf Jahren davongelaufen“, er habe die Partei im Stich gelassen und auch „Schulden zurückgelassen“.

Dann tauchen Gerüchte auf. Norbert Gugerbauer wolle als FP-Obmann kandidieren. Jörg Haider wetterte: Dies sei ein Versuch der ÖVP, die Personalpolitik zu beeinflussen. Das hatte sie ja bereits getan, denn die Industriellenvereinigung finanzierte großzügig den nun „parteifreien Finanzminister" Karl-Heinz Grasser, das Wahlkampf-Ass des Bundeskanzlers im vorangegangenen Wahlkampf.

„Die ÖVP hätte gerne eine haiderfreie FPÖ, denn diese wäre pflegeleichter", so der Kärntner Landeshauptmann Haider. Erstaunlich ist seine Fähigkeit, Realitäten zu verdrängen, an denen er persönlich beteiligt war. Jörg Haider war ja über fast alles im Bilde und er kannte auch die Strategie der Volkspartei. Was die Vizekanzlerin tatsächlich mit Wolfgang Schüssel ausgemacht hat, davon hatte Jörg Haider aber in der Tat keine Ahnung.

Die folgende Bemerkung stammt aus den persönlichen Aufzeichnungen von Peter Böhm, dem Klubobmann der Blauen im Bundesrat. Mit den Frauen in seiner Partei habe der Jörg halt nicht viel Glück gehabt. Zuerst war es die Heide und dann die Susanne. Die freilich habe im Vergleich zu Heide Schmidt die Blauen mit ihrem Rücktritt tatsächlich nachhaltig beschädigt.

In jenen Tagen gab sich das „einfache Parteimitglied" Haider ziemlich wehleidig. Die Haider-Schelte komme doch nur von Personen, „die nur durch mich und meine Erfolge" etwas geworden seien. Haider: „Man (die Wähler?) hat das falsche Schwein geschlachtet, aber es ist nun einmal geschlachtet."

Absetzbewegungen

In jenen Tagen sichtete man Absetz-Bewegungen. Der Ring Freiheitlicher Wirtschaftstreibender etwa drohte, eine eigene Partei zu gründen. Haider räsonierte damals rund um die Uhr. Er werde noch das eine oder andere tun, um die Wahl von Herbert Haupt zum Parteiobmann sicherzustellen.

Ob es wieder zu einer VP-FP-Koalition kommen werde, könne er nicht beurteilen. Viele Wähler hätten irrtümlich die ÖVP gewählt und würden dies bereits bereuen. Denn die „ÖVP ist bereit, sich mit jedem zu verbinden, wenn es um die Einzementierung der eigenen Macht geht". Er kenne Pläne von Wilhelm Molterer, der mit der ehemaligen Grün-Mandatarin Monika Langthaler heimlich eine schwarz-grüne Koalition vorbereite.

Falls die ÖVP wieder mit den Freiheitlichen eine Koalition eingehen wolle, dann müsse sie „das eine oder andere an Kurskorrektur machen". Was dann im folgenden Jahr 2003 passierte, das waren Kurskorrekturen der Blauen gegen ihre eigenen Grundsätze, etwa bei der Pensions-Reform und bei der EU-Osterweiterung.

Diese Abstimmungen dokumentieren den sich weiter fortsetzenden Zick-Zack-Kurs der Blauen im Kabinett Schüssel II.

Dann machte sich auch noch eine gegen Haider auftretende Gruppe rund um Norbert Gugerbauer stark. Der Neubeginn der Freiheitlichen in einer zweiten schwarz-blauen Koalition sei nur möglich, wenn Jörg Haider draußen vor der Tür bleibe. Herbert Haupt wurde mit Zurufen überhäuft. Er solle sich endlich von seinem langjährigen Freund lösen.

Sogar von einer Spaltung des blauen Lagers war die Rede, und der Vorarlberger Parteiobmann Hubert Gorbach gab diesen Gerüchten reichlich Nahrung. „Ausschließen kann man da gar nichts mehr". Empört gab sich Gorbach über seinen Landsmann Ewald Stadler, mit dem sei kein Staat zu machen. Dabei dachte er laut über ein „Absetzungsverfahren" gegen den Volksanwalt nach. Zwischen Gorbach und Stadler hat die Chemie nie gestimmt. Stadler goss auch stets genüsslich Öl ins Feuer. Die Anti-Haider-Linie seines ehemaligen Landtagskollegen sei so unnötig wie ein Kropf und nur „eine Wichtigtuerei des siebenten Zwerges hinter dem siebenten Berg".

Ein Manifest sorgt für Wirbel

Nach Tagen der Zerfleischung einigen sich die Freiheitlichen auf Herbert Haupt als Spitzenkandidat beim Bundesparteitag in Salzburg. Was für ein Durcheinander, damals in Kärnten. Herbert Haupt konnte noch nicht sicher sein, ob er denn der wirklich unbestrittene Obmann-Kandidat bleiben würde. Dies zeigte sich damals in der breiten Unterstützung für Gugerbauers „Freiheitliches Manifest". Es enthielt eine unmissverständliche Anti-Haider-Linie. Die Liste der Unterstützer war lang, etwa tausend Namen, und diese waren auch prominent. Darauf waren die Unterschriften von Partei-Veteranen, zum Beispiel vom Tiroler Siegfried Dillersberger und von Horst Schender, vom burgenländischen Landesgeschäftsführer Norbert Hofer und dem Vorsitzenden der Freiheitlichen Jugend Rüdiger Schender. Auch die Wirtschaftstreibenden waren mit ihrem Vorsitzenden Max Hofmann vertreten, und von den Abgeordneten unterstützten damals Detlev Neudeck, Daniela Raschhofer, Gerhard Hager, Irene Schöttel-Delacher, Andreas Sodian, Harald Ofner und Reinhard Firlinger das „Manifest“.

Doch alle bemüßigten sich zu sagen, das „Manifest“ sei nicht als „Anti-Knittelfeld-Papier“ zu verstehen. Es gehe um „eine FPÖ neu, die sich ihrer Werte besinnt. Die haben für alle zu gelten“. Man hätte damals glauben können, die alten Blauen hätten sich „als Werte-Gemeinschaft“ in Luft aufgelöst. Die Rettung der FPÖ sei kaum möglich, außer Gugerbauer trete an. Doch Gugerbauer, erfolgreicher Anwalt mit Schwerpunkt Kartellrecht, wollte sich damals nur stellen, wenn er das Gros der Delegierten hinter sich gewusst hätte. Was eigentlich von Haus aus fraglich war.

Die schweigende Mehrheit wolle wieder regieren, „aber diese Leute haben an einem Parteitag nicht das Sagen“, kommentiert Harald Ofner. Die Parole lautete: Jeder kann Obmann werden, nur nicht Jörg Haider. So ließ sich die Stimmung im Lager der „Anti-Knittelfelder“ beschreiben.

Aufräumungsarbeiten

Ein anderer Klubobmann erzählt
Was noch so alles geschehen ist

Ein Blauer, dessen Name in keiner Seitenblicke-Rubrik auf-scheint, ist Peter Böhm, Professor für Zivilrecht am Wiener Juridicum. Politisch scheint der Wiener als Klubobmann der Bundesräte in der Länderkammer auf. In dieser Funktion sitzt Böhm in allen Parteigremien. Er war bei allen Stationen des Niedergangs dabei.

Mit ihm zu reden ist ein akademisches Vergnügen, aber ihn zu erreichen, das erfordert viel Geduld. Der Professor hat im wahrsten Sinn des Wortes ein Handy-Cap. Böhm hat ein gestörtes Verhältnis zu Mobil-Telefonen. Er benutzt seines selten und meistens ist es abgeschaltet. Aber, meint er, man kann mich am Institut oder über den Freiheitlichen Klub erreichen. Ein gelungenes Treffen mit ihm könnte man philosophisch als Schnittstelle des Zufalls bezeichnen.

Peter Böhm, man könnte ihn, wäre man journalistischer Aktionist, einen „Langweiler" nennen. Er zählt erfreulicherweise nicht zu jenen Politikern, die sich den Medien mit Geschichten aufdrängen. Eines seiner Stammlokale heißt „Bellaria", hinter dem Parlament. Ums Eck liegt das Wiener Volkstheater.

Peter Böhm, korrekt im dunklen Grau, so sein Anzug und so sein Haarschnitt. Seine Wahrnehmungen bestehen aus einem unterhaltsamen Gemisch aus Analyse und Anekdote. Das Gespräch mit ihm könnte man als Dia-Vortrag bezeichnen, er vermittelt Schritt für Schritt klare Bilder aus dem politischen Geschehen. Bei einigen handelt es sich um wirkliche Verrücktheiten.

Die Ansichten eines Insiders

Es begab sich im Februar 2002. Die Vizekanzlerin hielt sich in den Vereinigten Staaten auf und Jörg Haider fast zeitgleich in der irakischen Hauptstadt Bagdad. Es war eine Zeit der schrillen Medien-Berichte und Peter Westenthaler war damals allein zu

Hause. Streit ohne Ende. Peter Böhm meint, Susanne Riess-Passer wäre damals sogar bereit gewesen – um des inneren Parteifriedens willen – Peter Westenthaler zu opfern. „Sie besaß ja die Generalvollmacht für ‚Personal-Entscheidungen'", beschreibt der Bundesrat die innere Lage. Sie hätte tun und lassen können, was aus Parteisicht notwendig gewesen wäre.

Damals rettete Haider Westenthaler vor der Susanne. Davon ist Peter Böhm in seiner Wahrnehmung überzeugt. Er kommt auf jenen ominösen Parteitag in Wiener Neustadt zu sprechen, über den wenig geredet wurde. Dort wurden die Delegierten auf die Steuerreform eingeschworen und auf die Opposition gegen die EU-Osterweiterung. In den Medien hieß es damals, Jörg Haider wolle zurück an die Parteispitze, und man zitierte geheimnisvolle Abmachungen, wonach Haider ein Rückkehrrecht gehabt hätte. „Das sind alles Legenden", sagt zu diesem Thema Ewald Stadler.

Susanne Riess-Passer war noch Vizekanzlerin und Parteichefin, sie sei in jener Zeit ziemlich nervös gewesen. Peter Böhm glaubt, dass er sich korrekt an die Gefühlslagen im Frühjahr 2002 erinnert: „Bei dem Treffen in Wiener Neustadt musste Karl-Heinz Grasser ans Rednerpult und über die Vorziehung der Steuerreform sprechen. Wir wussten damals, dass Grasser und Schüssel schon sehr eng waren." Die Basis habe buchstäblich gekocht, sagt der Professor, und es habe in jenen Frühjahrswochen immer wieder stundenlange Sitzungen in den freiheitlichen Gremien gegeben. Kabas, Achatz, Strutz und Schnell wollten immer mit der Vizekanzlerin reden, doch die lehnte ab."

Dann kam das Hochwasser und die Vizekanzlerin hatte einfach keine Zeit für die Partei, erzählt Peter Böhm. „Die Partei trieb vor sich her." Er fasst die Situation der Blauen von damals so zusammen: „Nicht nur ich gewann den Eindruck, dass der Parteichefin der Spagat zwischen Haider und Schüssel zuviel war und dennoch stimmte sie dann im Ministerrat für die Vertagung der Steuerreform."

Sie hatte wirklich Pech damals, Stadler und die anderen saßen auf den Unterschriften für einen Sonderparteitag. Das war nach den Statuten korrekt, aber es passte nicht in die politische Planung. Peter Böhm bringt noch viel Verständnis für die Parteichefin auf. Sie sei in den Partei-Sitzungen vor Knittelfeld immer offen und zugänglich für Gespräche gewesen. Stets habe sie betont, man könne sich doch noch zusammenraufen. In einer Parteisitzung sagte sie, der Jörg wisse eh alles, aber was werde sein, wenn das Thema EU-Osterweiterung kommt, da werde der Jörg Haider ganz sicher „Njet“ sagen. Peter Böhm hört noch heute, wie die Vizekanzlerin sagte, „ihr sei lieber ein Ende mit Schrecken …“

Niemand wollte diese Rücktritte und es gab genug Stimmen, die sagten, wir können der Volkspartei nicht immer nachgeben. So hat es Peter Böhm in Erinnerung. Er meint, die FPÖ hätte beim Regierungseintritt 2000 dem Partner deutlich sagen müssen, welchen Part sie bei den Wählern spielen will. Diese Rollendiskussion habe halt nie stattgefunden. Alle Mitspieler an der Parteispitze – so geht es aus Böhms Aufzeichnungen hervor – redeten der Parteiobfrau zu, „halte durch, Susanne, denn die Osterweiterung wäre für die FPÖ eine ideale Absprung-Basis in der Regierung.“ Die Vizekanzlerin habe sich auf diese Zurufe nicht eingelassen, sie wollte es offenbar genau wissen. „Und dann kam Knittelfeld …“ konstatiert der Klubobmann resigniert.

Ein Bus war von Wien nach Knittelfeld unterwegs. Peter Böhm saß auch drin, ebenso Delegierte aus Wien. Wie ein politischer Fremdenführer verteilte der Klubdirektor Josef Moser ein Papier. Doch keiner wusste, wie es zustande gekommen war. Böhm las es und das erste, was ihm im Text auffiel, war: „Man“ verlangte die Unterwerfung der Rebellen. „Man“: Das war nicht nur Susanne Riess-Passer, das war auch Jörg Haider, der in den Abendstunden zuvor mit an dem Papier gebastelt hatte. Ziemlich verwirrend.

Peter Böhm ist nicht der einzige Knittelfelder Zeuge, der glaubte, die Vizekanzlerin habe damals getrickst und Herbert Scheibner vorgeschickt, um ein neues Papier vorzubereiten. Wieder saß Jörg Haider als Co-Autor dabei. Zur Rolle des Finanzministers Karl-Heinz Grasser sagt Böhm: „Ich erinnere mich nur an seine provokante Rede. Jörg Haider war ziemlich maßvoll, aber dann dürfte ihm halt alles entglitten sein.“ War alles nur eine von langer Hand geplante Inszenierung? „Es gab in Knittelfeld kaum Widerstand“, erinnert sich Peter Böhm, „alle gingen versöhnt auseinander … aber dann in Wien, da bockte die Susanne.“ Der blaue Klubchef im Bundesrat liegt nicht so falsch, wenn er heute sagt, Knittelfeld wäre nie der Topos geworden ohne die Rücktritte der Vizekanzlerin, des Klubchefs, des Finanzministers und später des Infrastruktur-Ministers Mathias Reichhold.

Auch Peter Böhm nimmt wie viele andere Funktionäre an, dass Jörg Haider nicht wusste, was sich wirklich zwischen der Vizekanzlerin und Wolfgang Schüssel abgespielt hat.

Versuch eines Neustarts

Gab es denn eine Regie bei der Implosion der Blauen? Ein Doppelspiel der damaligen Parteispitze? Einige Indizien „am Rande der Beweislage" (Stadler) weisen auf eine von längerer Hand und in den Reihen der Industriellenvereinigung geplante Destabilisierung der Blauen hin. Eine Wahrnehmung indes hält den Fakten stand: Von 2002 bis heute zogen die internen Pannen bei den Blauen wie ein Themenwagen des politischen Karnevals am Publikum vorbei. Knittelfeld, Krisentreffen, die Wahlen und dann der „ultimative Parteitag" vom 8. Dezember 2002, bevor die Blauen wieder mit den Schwarzen in die Hofburg zur Angelobung spazierten.

Jener Parteitag am 8. Dezember 2002 war bemerkenswert, er war eine Inszenierung der „Geschlossenheit" und eine „Unterwerfung" unter die neue politische Realität. Was war am 8. Dezember 2002 in Salzburg los: Die Delegierten der FPÖ trafen sich, um nach den Streitereien die Scherben zu beseitigen, einen neuen Obmann zu wählen und Geschlossenheit zu demonstrieren.

Wenigstens das Wetter war den Freiheitlichen gewogen. Nach den dunkelgrauen Wolken der vergangenen Wochen lichtete sich beim Eintreffen der Delegierten aus ganz Österreich der Hochnebel. Für den Hausherrn, Salzburgs FP-Chef Karl Schnell, war es ein Zeichen des Himmels. „Here comes the sun", rief er in den Saal: „Jetzt kommt die Sonne. Das Licht strahlt von Herbert Haupt aus." Schon beim Einzug zur Musik „The final Countdown" hatte es Standing Ovations für Haupt gegeben.

In dieser Inszenierung konnten die Teilnehmer einige Regie-Fehler ausmachen. Da wurde bei einem Teil der Delegierten gar nicht applaudiert, ganze Gruppen blieben demonstrativ sitzen, während sich andere zum Klatschen von ihren Stühlen erhoben. Doch die Kritiker blieben still.

Schnell schwor die Delegierten auf Haupt ein. Er sei stark wie ein Bär, treu wie ein Hund und verfüge wie eine Eule über Klugheit. Salzburger blaue Marketenderinnen durften die Stofftiere dann auch mit Küsschen an den designierten Bundesparteiobmann übergeben. Schon von Beginn an stand fest: Haupt würde der einzige Kandidat für die Funktion des Bundesparteiobmannes bleiben. Haupt appellierte an die „freiheitliche Familie", zu den „Urwurzeln" der Gesinnungsgemeinschaft zurückzukehren. Die größte Niederlage habe man sich selbst zugefügt. Das seien jene gewesen, die in Spitzenfunktionen gesessen seien und dort versagt hätten.

Etwas mehr als eine Stunde redete Haupt zu den Delegierten. Eine rituelle Ursachenforschung. „Wir haben uns in der Bundesregierung in die Arbeit gestürzt und die Verbindung zur Basis, zu den freiheitlichen Wählern verloren", waren Kernsätze seiner Analyse. Doch alle Appelle nutzten nichts, die Delegierten hatten das Bedürfnis, Dampf abzulassen. Je länger die Diskussion über Haupts Referat dauerte, desto deutlicher wurde, wen die Delegierten für die Hauptschuldigen am dem Wahldesaster hielten. Es waren die üblichen Verdächtigen. Susanne Riess-Passer, Karl-Heinz Grasser, Peter Westenthaler und Wolfgang Schüssel. Der gefinkelte Parteiobmann habe die drei geblendet und verführt, bis sie sich von der „freiheitlichen Gesinnungsgemeinschaft" abgehoben hätten.

Dann wurden Ergebenheitsadressen an den abwesenden Kärntner Landeshauptmann vorgetragen. „Haider ist nicht fehlerfrei. Aber ich bleibe einer, der zu ihm hinaufschauen wird und nie hinunterspucken wird auf ihn." So ein Redner. Tosender Applaus. Die Stimmung drehte sich deutlich zugunsten Jörg Haider. Der hatte einen Hubschrauber in Bereitschaft stehen, falls man ihn in Salzburg brauchen sollte. Einer der schärfsten Angriffe auf die ÖVP kam natürlich nicht unerwartet von Volksanwalt Ewald Stadler: „Es bleibt die Partei des Jörg Haider und wir lassen uns von der österreichischen Volkspartei nicht vorschreiben, welche Rolle Jörg Haider in Zukunft spielen wird." Haupt sei ein Garant dafür, dass die Politik Haiders fortgesetzt werde. Keinen Zweifel ließ Haupt daran, dass die FPÖ wieder in die Regierung wolle.

Die letzte Bühne der Beliebigkeit

Nötigungen und Intrigen
Jörg Haiders „Doppelspiele"

Professor Böhm versinkt in eine melancholische Stimmung. Er zieht seine politische Bilanz. „Ich bin ziemlich ernüchtert." Die Parteispitze habe ihn gedrängt und nahezu genötigt, die Bundesräte auf dem Zick-Zack-Kurs zu halten. Diese Anstrengung trägt Peter Böhm im Gesicht. Er wirkt „politisch geschafft".

„Ständig wurde der Kurs gewechselt. Aus Disziplin habe ich vieles mitgetragen. Was da manchmal passierte, das war halt nicht wirklich treudeutsch." Doch die Contenance verliert Peter Böhm nicht. Eben ein Professor der alten Schule.

Überlebensstrategien

Politisch überlebte nach den Wahlen 2002 nur Herbert Haupt. Der versuchte es allen recht zu machen und war auf Versöhnung aus. Noch bevor man ihn in Salzburg zum Parteiobmann kürte, setzte er die Funktionäre unter Druck. „In jeder Rede sagte der Sozialminister, er sei kein Oppositions-Politiker. Wenn wir ihn wollen, dann müssen wir mit ihm wieder in eine Regierung mit der Volkspartei gehen." Daran erinnert sich der Klubobmann, der bei solchen Treffen meistens dabei war. Die Gräben nach Knittelfeld seien zu tief und Herbert Haupts These war, dass die Partei auseinanderbrechen werde – wenn sie sich für den Gang in die Opposition entscheide.

Eine Versöhnung der Personen und Gruppen innerhalb der blauen Landesorganisationen sei durch eine Regierungsbeteiligung leichter, glaubte der amtierende Parteiobmann. „Das war nur Philosophie", sagt Peter Böhm. Das wichtigste und in den Gremien überzeugende Argument war die finanzielle Lage der Blauen. Herbert Haupt kreiste stets um dieses heikle Thema herum. 1999 war die FPÖ noch eine reiche Partei Das hing damit zusammen, dass sie durch die Wahlgewinne beträchtliche öffentliche Mittel einstecken konnte. Die anderen Parteien natürlich auch. Diese Zuflüsse versiegten nach der Niederlage 2002, es gab über Nacht empfindlich weniger Geld für den freiheitlichen Klub, der von 52 auf 18 Mandatare schrumpfte. Viele kritisierten den Brauch der Quer-Finanzierung vom blauen Klub zur Partei. Ein „alter" Brauch, auch in den anderen Parlamentklubs.

Herbert Haupt sagte und Peter Böhm glaubt, dies richtig verstanden zu haben: „Unsere interne Finanzsituation können wir besser als Regierungspartei überleben." Der Parteiobmann habe stets deutlich gemacht, dass es für die Blauen keine anderen politischen und finanziellen Optionen gegeben habe. Nur der inzwischen entfärbte Finanzminister erhielt für seine Rolle des „Parteifreien" Honorare aus den Kassen der Industriellenvereinigung.

Widerstand gegen eine neuerliche Regierungs-Beteiligung hätten eigentlich nur die Kärntner geleistet. Geschäftsführer Martin Strutz habe Haupts Vorgaben nicht unterschrieben.

Peter Böhm zitiert seine Wortmeldung: „Freunde, an die alte Rolle können wir nicht anknüpfen. Wir haben unsere Paktfähigkeit nicht bewiesen und ihr habt zu viele Kompromisse gemacht."

Im Jahr 2003, da ist sich Peter Böhm sicher, wollte Jörg Haider zurück an die Parteispitze. Der Landeshauptmann glaubte und er sagte es bei einigen Parteisitzungen, Herbert Haupt beschädige die FPÖ.

Im Frühsommer 2003 verabschiedete der Nationalrat die umstrittene Pensionsreform. „Wir haben aber schon vorher die soziale Kompetenz der Blauen verspielt." In Peter Böhms Stimme schwingt Frustration mit.

Intrige und Verschwörung

Es war im Juli 2003. Das sozialpolitische Vor- und Zurück war bereits politische Routine. Handwerklich miserable Gesetze beschädigten vor allem das Sozial-Ressort von Herbert Haupt. Alles, was Reform hieß, das klang wie Chaos.

In jenem Juli 2003 inszenierte Jörg Haider eine „Verschwörung" gegen Parteiobmann Haupt. Die damalige juristische Lachnummer „Budgetbegleit-Gesetze" (Pensionsreform, Abfangjäger und andere hässliche Materien) mussten nach der Verabschiedung im Nationalrat noch den Bundesrat passieren. Was tat Jörg Haider ? Er wollte die blauen Bundesräte zu seinem politischen Werkzeug machen – gegen den Parteiobmann Herbert Haupt. Er lockte die Ländervertreter nach Kärnten. Jörg Haiders Heimvorteil. Was er wollte, lief auf eine unüberhörbare Intrige gegen die Parteispitze hinaus. Nur Klubobmann Peter Böhm wusste nicht, was hinter den Kulissen gespielt wurde. Jörg Haider drehte die Bundesräte um. Sie sollten in der Länderkammer gegen die Vorlagen stimmen.

Der Klubobmann war wieder einmal ohne Telefonkontakt zur politischen Außenwelt. „Ich war an jenem Wochenende nicht erreichbar", so habe er nicht wissen können, was Haider im Schilde führte. Böhms Tonfall bewegt sich bei dieser Schilderung sichtbar an der Tränengrenze. Tatsächlich dürften Herbert Haupt und Ursula Haubner nichts von diesem Treffen gewusst haben, bei dem Haider die blauen Bundesräte zur Revolte anstiftete. Es kam dann in Wien zu komisch-dramatischen Szenen. Am Tag der Abstimmung im Bundesrat bekam Peter Böhm einen Anruf aus Kärnten. Der Landeshauptmann war am Apparat. Jörg Haider sagte zum Klubobmann: „Stimmt gegen die Pensionsreform und gegen die Abfangjäger, dann kann der Bundesrat berühmt werden." Ich sagte: „Der Bundesrat hat in dieser Angelegenheit keine Rolle zu spielen. Wir haben ja im Nationalrat dafür gestimmt. Nun können wir doch nicht durch ein solches Verhalten den Parteiobmann desavouieren." Peter Böhm nahm nach diesem Gespräch seine Fraktionskollegen ins Gebet. „Wenn ihr das macht, was Jörg Haider von euch verlangt, dann trete ich noch heute zurück."

Peter Böhm wäre ahnungslos ins Plenum gegangen, hätte ihn nicht John Gudenus nach seiner Rückkehr aus Kärnten über das Treffen der Bundesräte mit Jörg Haider informiert.

Donnerstag der 23. Juli 2003. Tag der Abstimmung. Beginn ist 9 Uhr Früh. Quälende Stunden vergehen.

Herbert Haupt und Klubobmann Scheibner bekamen mit, was ihr Kärntner Freund in der Länderkammer im Schilde führte. Sie mussten Krisenfeuerwehr spielen und zunächst einmal den „Brandherd" Peter Böhm löschen. Sie beknieten ihn. Doch Böhm verteidigte standhaft seine Absicht zurückzutreten. Sicherheitshalber einigte man sich bereits auf einen Nachfolger, sollte sich der Fraktionschef nicht von seinem Rückzug abbringen lassen. Schließlich ließ sich der Professor breitschlagen. Und dann musste er im Plenum noch gute Miene zum bösen Intrigenspiel machen. Es war fast schon Mitternacht. Die blauen Bundesräte stimmten dann so rätselhaft ab, dass selbst für die Geschäftsordnungs-Mandarine nicht auf Anhieb erkennbar war, was die Botschaft sein sollte. Das war Jörg Haiders langer Arm aus Kärnten. Das Durcheinander trug wieder einmal seine Handschrift.

Das Jahr 2003. Die Blauen mussten weiter Trauer tragen. Verluste in Tirol. Die Bastion Oberösterreich auf die Grundmauern niedergewählt. Keine Bundesräte mehr aus dieser Gegend in der Länderkammer. Sie taten einem Leid, denn es war nicht ihr politisches Verschulden.

Peter Böhm kam im Bundesrat nochmals zum politischen Handkuss, das Jahr 2003 ging schon dem Ende zu. Auf der Tagesordnung stand die Abstimmung über die Osterweiterung, immerhin das Lieblingsthema der Blauen. Nur über unsere Leiche, wenn Prag nicht die Benes-Dekrete für null und nichtig erklärt. Mit diesem Programm tingelten die Freiheitlichen viele Jahre durch die Innenpolitik. Es war für viele eine fragwürdige, aber in gewisser Hinsicht auch eine glaubwürdige Vorgabe. Sie hielt aber den politischen Realitäten in der EU nicht stand. Schon beim Votum im Nationalrat verabschiedete sich die Parteispitze sang- und klanglos von „alten Prioritäten“ und gab die Vetokeule in der Regierungsgarderobe ab.

Nach außen gab sich Jörg Haider unterdessen erstaunlich maßvoll. Hinter den Kulissen husste er wieder die Bundesräte gegen die Regierungslinie auf. Peter Böhm weiß, was sich abgespielt hat. Er war der „Vertriebenen-Sprecher“. „Mein Gott, war ich naiv“, seufzt Böhm und schüttelt den Kopf, „ich glaubte, dass die Partei nicht schon wieder umfällt. Ich kann mich jetzt, nach alldem, was passiert, bei den Vertriebenen-Verbänden gar nicht mehr blicken lassen.“

Damals, im Dezember 2003, noch vor der Abstimmung im Parlament, veranstalteten die Kärntner einen Liederabend im Wiener Rathaus-Keller. Noch ein Sänger war dabei: Jörg Haider. Bundesrat Böhm wollte dort die politische Linie in Erfahrung bringen. Er suchte das Gespräch mit dem Kärntner Landeshauptmann: „Jörg, ich muss mit dir reden." Der wich aus. Denn er hatte sich in dieser Frage mit der ÖVP arrangiert. Bei einem Treffen im steirischen Ort Kitzeck. Böhm: „Ich spürte, Haider wollte wegen der Osterweiterung keine Unruhe. Es gab einen gemischten Parteivorstand, ein Ganslessen, der Haider war da und er stimmte uns auf die vorbehaltlose Zustimmung zur Osterweiterung ein."

So war im Jahr 2003 der Bundesrat die letzte Bühne der politischen Beliebigkeit.

Die FPÖ-Fraktion bewegte sich zu jener Zeit außerdem auch noch am Rande einer Spaltung. Doch nicht in der Frage der EU-Osterweiterung, das wäre logisch gewesen, denn bei diesem Thema existiert noch ein radikales Protest-Potential innerhalb der FPÖ. Es ging um die Partei-Finanzen und um den steirischen Ländervertreter Weilharter. Der übte den Job des Finanzreferenten im Klub aus und ließ sich – in Kenntnis der Finanzmisere – nicht ruhigstellen. Herbert Haupt und Herbert Scheibner wollten deshalb den unbequemen Steirer abschießen, ihn sogar aus der Partei ausschließen. Peter Böhm versteht nicht, warum seine Freunde mit zweierlei Maß messen. „Weilharter will ja nur eine korrekte Finanzgebarung, das kann doch nicht parteischädigend sein, ihn dafür ausschließen zu wollen, das konnte ich nicht verstehen – Karl-Heinz Grasser wurde auch nicht aus der Partei rausgeworfen." Solche Spiele hätten doch nichts mit politischer Qualität zu tun.

Die Gefühle eines Veteranen

Gar nicht lange nach der Absegnung der Osterweiterung seitens der Freiheitlichen kommt das Gespräch mit Harald Ofner auf dieses Thema. Ihn kann eigentlich schon lange nichts mehr aus der Ruhe bringen. Ofner bewertet alle anderen Vorgänge abgeklärt. Beim Thema Osterweiterung aber werden persönliche Erinnerungen wach. Harald Ofner hat als junger Mann viel Schreckliches mit eigenen Augen gesehen – Szenen der Vertreibung. Wenn er davon erzählt, dann wischt er mit der Hand über seinen Schreibtisch – so als wollte er die Bilder verscheuchen. „Ich habe damals einen Hass entwickelt, gegen Menschen, aber heute, da befinde ich mich in einer anderen Gefühlslage. Wir haben in unserer Partei die Latte bei der Benes- und auch der

Temelin-Frage einfach zu hoch gelegt. Wir haben wirklich geglaubt, da kommt Widerstand aus Bonn oder aus Wien, da ist aber nichts gekommen. Ich frage, war das nur eine ketzerische Vorgabe in meiner Partei … aber ich habe doch alles erlebt." Die plötzlich aufkeimende Wut legt sich, aber nicht die Verbitterung: „Ich habe dieses Thema gemeinsam mit Jörg Haider aufbereitet. Ich hab ihm das alles erzählt und wir waren damals ja gut miteinander, in einem gewissen Sinn. Wahr ist, Haider und ich haben das Thema Benes-Dekrete ins Parlament gebracht. Nicht viele haben damals gewusst, was das eigentlich ist."

„Wenn du jetzt schaust, was ist da noch zu erwarten? Falls sich die Tschechen noch erinnern wollen und sich entschuldigen, ich bezweifle, dass das aus dem Herzen kommen würde. Aber was soll das noch bringen? Dafür haben wir uns aber auf die Schienen gelegt. Das hat doch alles keinen Sinn … Wir lügen uns doch nur in die Tasche. Ich war Vertriebenen-Sprecher … alles Chimäre. Da legt sich die FPÖ noch fest, das ist doch keine Politik …" Harald Ofner, einer der letzten blauen Indianer, er stellt sich seinen Gefühlen: „Hört auf mit der Vergangenheit, da lässt sich nichts mehr reparieren. Da macht man sich fest und wir sind die Verräter, wir stimmen für den Osten. Was hat sich bei den Blauen abgespielt, warum sind sie umgefallen? Warum haben sie so hoch gepokert? Weil alles lustig klang?"

Die Dame kommt ins Spiel

Der „Susanne-Faktor"
Ein Kulissengespräch
über Intrigen und Verrat

Sie wirkt etwas abgehetzt. Handy am Ohr. An der Büro-Rezeption bleibt sie stehen, schaltet den Gesprächston auf kurz angebunden. So tritt sie auf – die ehemalige Vizekanzlerin Susanne Riess-Passer. Sie war „die Dame" im politischen Schachspiel der Blauen. Sie strahlt wie schon in der Politik ein Flair der Entschlossenheit aus. Heute sitzt sie als Business-Frau auf dem Posten einer Generaldirektorin im Salzburger Bausparer-Konzern „Wüstenrot".

Was war das für ein spektakulärer Abgang, damals, im September 2002! Sie warf über Nacht Jörg Haider alle Ämter vor die Füße. „Über Nacht – nein so war das nicht", korrigiert die ehemalige Bundesobfrau der Freiheitlichen.

Zu diesem Gespräch kam es am Beginn der Fastenzeit 2004, in der Wiener „Wüstenrot"-Dependance. Der Ort: Naglergasse, eine schlauchartige Verlängerung des Wiener Grabens. Hausnummer 1, erster Stock. Es war an diesem Tag auch ein günstiger Zufall, dem Alt-Bürgermeister Helmut Zilk nicht über den Weg zu laufen – der wohnt nämlich im Haus gegenüber.

Ihr Wiener Büro – sachlich, keine Design-Schnörkel. Das Ambiente passt gut zu Susanne Riess-Passer. Auch ihr Outfit, ein schlichtes Ensemble, schwarze Hose und Jacke, weiße Bluse. Man muss die politische Aussteigerin fragen: „Schon Entzugserscheinungen?" Sie lacht. „Ich nahm doch keine politischen Drogen ..." Sie wird das noch immer gefragt. Viele glauben, „die Susanne" wolle eines Tages doch wieder in die Politik zurück. Sie habe dieses Geschäft doch so sehr geliebt ... Sie stellt gleich eingangs klar: „Erwarten Sie keine Abrechnungen."

Mir ging es darum, Erinnerungen abzurufen – aus jener turbulenten Zeit, in der sich in der Innenpolitik so viel ereignet hat. Sie wirkte an der Uraufführung der Wende mit und sie war immerhin die Hauptdarstellerin. Susanne Riess-Passer schildert die Schlüsselszenen, sie erzählt Geschichten über Intrigen und Verrat und sie beschönigt nichts. Sie stolperte über einige hässliche Wegmarken auf ihrem Weg zum Ballhausplatz und zurück. Enttäuschungen gab es, aber keinen Grund zur Abrechnung. Leise Wut, die spürt man, wenn das Gespräch diesen und jenen politischen Verrat kreuzt. Susanne Riess-Passer bezeichnet ihr Verhältnis zu Jörg Haider grundsätzlich als eine „jahrelange politische Partnerschaft".

Das letzte Kapitel in dieser Partnerschaft. Randvoll mit Kränkungen. Sie drangen nie an die Öffentlichkeit. Die Entfremdung von Jörg Haider. Seine Spiele und seine Querelen. Man fragt sich, warum Susanne Riess-Passer nicht früher das Handtuch geworfen hat. Ihre Wut scheint noch nicht gänzlich verglüht zu sein. Sie lässt sich das aber nicht anmerken. Hin und wieder fällt das Wort „Niedertracht". Was blieb übrig von der „politischen Partnerschaft"? Mitleid mit einem politisch Verrückten. Die Vizekanzlerin außer Dienst übt sich in der noblen Haltung des Verzeihens – ein Grundton des Weiblichen.

Sie schlug am 8. September 2002 alle politischen Türen hinter sich zu. „Ich war abgrundtief enttäuscht, für mich eine menschlich schmerzvolle Erfahrung. Doch nach meinem Abgang bin ich jeder Schmutzwäsche aus dem Weg gegangen." Als damals Gerüchte aus Kärnten gestreut wurden, sie habe bei den leidigen Abfangjägern „irgendwie" mitgeschnitten, da brach in ihr nackte Wut durch. „Das war eine unglaubliche Schweinerei, ausgerechnet von dieser Seite, die sich so für diesen Konzern ins Zeug gelegt hat …"

Gute Zeiten, schlechte Zeiten

Beginnen wir mit den guten Zeiten, als ihre und die blaue Welt noch in Ordnung waren. Sie war es nicht, die mit Hurra in die Regierung drängte. Das geben auch jene zu, die sich über ihren Rücktritt laut mokierten. „Na ja, bei all den Pannen, die passiert sind, so schlecht ist das gar nicht gelaufen. Es waren dann die Medien, die begonnen haben, die FPÖ zu teilen, in die Guten und Anständigen, in die Bösen und in die Pfui-Politiker. Es gab damals keine Parteiveranstaltung, auf der ich nicht ständig gesagt habe, man soll nicht auf dieses Auseinander-Dividieren hereinfallen." Susanne Riess-Passer hält noch an ihrer Überzeugung fest, wonach die Regierungsbeteiligung die Chance gewesen sei, die FPÖ als politisch kompetent darzustellen. Sicher, es sei kein leichter Weg gewesen, man habe inhaltliche Fehler gemacht. Doch im Großen und Ganzen können sich jene drei Regierungsjahre doch sehen lassen.

Es klingt so, als müsse sie nachträglich den Part der politischen Vernunft nachspielen. „Es war die Chance, die Leute vom Gegenteil ihrer Meinung zu überzeugen, dass die FPÖ nur gut in der Opposition sei, aber regieren könne sie nicht. Diese Chance wurde vertan, das ist die wirkliche Tragödie." Es sei tragisch, da steckte viel Arbeit dahinter, natürlich auch viel Arbeit von Jörg Haider persönlich und auch die Arbeit vieler Funktionäre, die ehrenamtlich tätig waren. Die Parteichefin a.D. glaubt: „Die waren alle stolz, dass wir in der Regierung waren, dass wir das geschafft hatten. Es ist eine Mär zu sagen, dass die Parteibasis nicht hinter mir gestanden ist." In ihrer Analyse lag das Problem im Mittelbau der Blauen, auf der Länderebene, wo man nach dem Regierungseintritt Angst hatte, bei Länderwahlen Positionen und Mandate zu verlieren.

„Ich empfinde keinerlei Schadenfreude über das, was dann passiert ist. Im Gegenteil. Ich bedaure sehr, dass ein so langer Weg, der so viel Kraft gekostet hat – und es war ein mühevoller, harter Weg –, dass das alles gescheitert ist." Das ist ihre Lesart jener politischen Phase Anfang 2000. Was man der damaligen Vizekanzlerin vorwirft: Sie habe zugelassen, dass die Blauen für die schlechten „Reform-Nachrichten" geprügelt wurden. Auch Susanne Riess-Passer stürzte sich mit ahnungslosem Optimismus ins Dauerthema „Verwaltungsreform" – der Öffentliche Dienst und der Sport, das waren ihre damaligen Agenden.

Der Volkspartei hat das damals gefallen: die Blauen freiwillig in den Minenfeldern der Zweiten Republik, Soziales und Verwaltung. Sie glaubte, Dinge angehen zu können, die andere Parteien gar nicht ansprachen, weil sie in ihrer Partei-Struktur zu viele Widerstände gehabt hätten. So konnte es nicht überraschen, dass die Vizekanzlerin mit ihrer Verwaltungsreform rasch zur politischen Buh-Frau der Beamten-Gewerkschaften ausgerufen wurde. Ironisch meint sie: „Die Beamten weinen mir natürlich keine Träne nach." Nachher ist man klüger. Sie muss eingestehen, die Erwartungshaltung sei zu groß gewesen, man konnte die „Verwaltungswelt“ nicht in einem Jahr verändern. Heute weiß sie es: Das ist die österreichische Real-Verfassung. Eine nachhaltige Verwaltungsreform auf den Weg zu bringen, das sei wie mit einem Ozeandampfer. Wenn man nicht ständig auf Kurs bleibe und das Ruder nur einen Moment loslasse, dann schlage es sofort wieder in die alte Position zurück.

Wie war die Befindlichkeit der Blauen nach ihrem Rücktritt, nach Knittelfeld und nach all den andern Vorfällen? „Es gab nach meinem Rücktritt eine Phase, da herrschte in der Partei große Verwirrung. Stimmen wurden laut, warum nicht eine andere Partei machen?“ Susanne Riess-Passer nimmt aber ihren „politischen Partner“ immer wieder, schon fasst rituell, in Schutz. „Das ist ja ein Teil der Tragödie, Jörg Haider hat die Demokratie in Österreich spannender und offener gemacht. Er war es, der bewirkte, dass die Wähler mobiler wurden und viele verkrusteten Strukturen aufgebrochen sind. Und dann dieses Ende durch eigenes Verschulden. Nach den Sanktionen im Jahr 2000 habe sich alles normalisiert. „Ich habe jeden Termin bekommen. Ich habe dabei auch nicht die FPÖ verleugnet oder den Haider, wir wurden normal behandelt, das war ja auch ein langer Weg bis dorthin. Wir wollten den Blick der Leute auf unsere Arbeit in der Regierung richten – auch das wurde verspielt.“

Wenn Susanne Riess-Passer über die Anfänge der Regierungszeit spricht, dann klingt es, als ob sie unter einem gewissen Rechtfertigungs-Zwang stünde. „Ich sage ja nicht, dass wir alles richtig gemacht haben, aber leider war die FPÖ als Ganzes nicht imstande, diese Chancen zu nutzen. Der Wähler wird dies auch nicht verzeihen. Vor allem deshalb, weil die Blauen so viele Hoffnungen geweckt haben. Wir konnten alle diese Reformhoffnungen nicht umsetzen, das wird der Wähler nicht vergessen.“

Glaubwürdigkeit – und der Fall Reinhart Gaugg. Die schon obszöne Gier nach Posten. Ihre Gegner behaupten, die Parteichefin habe diese Affäre nicht in den Griff bekommen. „Das ist nicht richtig, das ist nur ein Teil der Geschichte. In den Umfragen im April 2002 hielten wir bei 24 Prozent. Die Werte waren dann oben, wenn Ruhe war in der Regierung und in der Partei. Die Ausnahme war Temelin. Doch bei Streitereien in der Regierung gingen die Werte immer nach unten. In diesem Punkt führte ich immer Grundsatz-Diskussionen mit Jörg Haider. Er sagte, die FPÖ sei nur in der Auseinandersetzung, in der Konfrontation gut. Ich entgegnete ihm, ja, das mag stimmen, aber nur in der Opposition. Aber nicht mit dem Regierungspartner. Zurück zu Gaugg, ich war von Anfang an dagegen, dass er in diese Position gehievt wird. Überhaupt, das war einer der vielen Kompromisse, die ich machen musste. Da hat's dann geheißen, das muss gemacht werden und ich, in Gottes Namen, gut, ich dachte, dann wird wieder Ruhe einkehren. Auch wenn das schief gelaufen ist, es war weder die Ursache noch der Auslöser. Reinhart Gaugg war nur ein Tüpfelchen auf dem I. Der wahre Absturz bestand aus vielen internen Streitereien. Gaugg – das war nur ein Drübersteuer. Wenn man in dieser Spirale hängt, das ist dann wie das Gesetz der Schwarzen Serie."

Jörg Haiders Rücktritt – Ansichten der Nachfolgerin

Es sind viele Variationen über die Motive für Jörg Haiders Rücktritt als Parteichef im Umlauf. Seine Weggefährtin steuert eine ziemlich realistische Version bei. Es standen Landtagswahlen vor der Tür, in der Steiermark und in Wien. „Er wusste, da werden wir verlieren, und er wollte dafür nicht verantwortlich sein, in dieser Hinsicht bin ich über seinen Nacht-und-Nebel-Rücktritt nicht überrascht gewesen. Ich sagte ihm deutlich, was ich davon halte, so ein Schritt würde die Partei nur in eine wahnsinnige Verunsicherung stürzen. Dies noch zu einem Zeitpunkt, wo die FPÖ viel verkraften musste, vor allem den Übergang von der Opposition in die Regierung – und die Freiheitlichen waren immer nur auf eine Person ausgerichtet."

Jörg Haider war noch Parteichef. Die Blauen bereiteten sich auf die Koalition mit der Volkspartei vor. Susanne Riess-Passer zitiert eine Abmachung. „Ausgemacht war, ich gehe in die Regierung und er bleibt Parteiobmann. Auch er wollte diese Arbeitsteilung. Dann, nach seinem Rücktritt, wurde ich von heute auf morgen damit konfrontiert, auch die Partei zu übernehmen. Es blieb mir gar nichts anderes übrig. Jörg Haider ließ sich auch nicht umstimmen. Doch es war nie die Rede davon, dies sei eine Geschichte auf Zeit. Im Gegenteil. Jörg Haider betonte, seine Leistung werde es sein, die FPÖ so groß und stark gemacht zu haben, dass sie in der Regierung bestehen kann – das war auch unbestritten sein Verdienst." Jörg Haider, der politische Übervater der Blauen, benutzte eine autoritär-familiäre Diktion: „Jetzt muss die nächste Generation zeigen, dass sie was zambringt."

Querelen aus Kärnten. Das war Jörg Haiders Beitrag zur Regierungspolitik der Blauen in Wien. Susanne Riess-Passer fügt aber hinzu: „Er war über jede Entscheidung in der Regierung informiert. Was anderes wäre auch ganz dumm gewesen. Die Partei musste ja eingebunden sein. Wichtige Dinge wurden im Parteivorstand und im Koalitionsausschuss besprochen. Alles war mit Jörg Haider akkordiert." Vielleicht müsse man sich tiefenpsychologisch annähern. Jörg Haider habe sein Lebensziel verfehlt. Er wollte Bundeskanzler werden – und nicht die FPÖ. Susanne Riess-Passer weiß, warum Jörg Haider nie in die Regierung wollte. „Er war Profi genug, um zu wissen, dass man dort unangenehme Dinge tun muss."

Ohne Wehleidigkeit gibt die Aussteigerin einige interessante Details zu den Umständen ihrer Demontage preis. „Der Beginn meiner Demontage, betrieben von meinen Gegnern, die ich freilich erst nach und nach identifiziert habe, weil ich sie vorher nie als Gegner wahrgenommen habe, die begann mit dem Totschlag-Argument, jede Entscheidung sei mir von der ÖVP eingeflüstert worden. Das war Quatsch. Niemand in der Regierung konnte dem andern dreinreden, ich nicht den ÖVP-Ministern und die nicht bei uns. So ein Unsinn, wenn das jetzt behauptet wird. Die ständige Leier, die tun nur das, was die ÖVP will."

Die Vizekanzlerin a. D. bringt sogar Verständnis für diese Nörgeleien auf. „Vielleicht hingen diese Verhaltensweisen auch damit zusammen, dass die Partei damals wenige konkrete Vorstellungen gehabt hat, was Regieren in der Praxis eigentlich heißt. Wir hatten ja nicht die absolute Mehrheit, wir waren in einer Koalition. Jene, die heute jammern, die sollten sich einmal ehrlich anschauen, was wir durchgesetzt haben, oft gegen den ausdrücklichen Willen der ÖVP. Freilich, hundert Prozent gehen halt nicht."

Sie nennt ein Beispiel: das Kindergeld. „Wir hatten im Parteiprogramm das Kindergeld für sechs Jahre festgeschrieben. Im Regierungsprogramm, das Jörg Haider verhandelt hat, standen damals zwei Jahre drinnen. Nach der Regierungsbildung (Februar 2000) sagte die Partei, zwei Jahre sind zu wenig. Es müssen drei Jahre sein, das war aber mit der ÖVP nicht vereinbart. Das war dann eine schwierige Geschichte, die ÖVP dazu zu bringen, drei Jahre zu akzeptieren. Mir ist es aber gelungen, das durchzusetzen. Kaum saß ich im Parteivorstand, da begannen einige schon zu meckern – Susanne, im Parteiprogramm stehen aber sechs Jahre. Ich kann heute sagen, das waren wirklich quälende Auseinandersetzungen. Die Funktionäre waren es in der Opposition halt gewohnt, immer alles zu verlangen, immer alles zu fordern. Sie haben nie an die Machbarkeit gedacht. In einer Koalitionsregierung sind auch nur gemeinsame Papiere möglich, die nicht hundert Prozent das eigene Parteiprogramm widerspiegeln. Diese neue Realität haben viele in der Partei nicht verinnerlicht."

„Heute wundert es mich nicht mehr. Wann auch immer etwas nicht so umgesetzt wurde, wie es im Parteiprogramm stand, sind die Funktionäre wieder umgefallen. Begleitet von der alten Leier – da habe die ÖVP sich wieder durchgesetzt." Susanne Riess-Passer hängt an ihrem politischen Selbstbewusstsein. Sie ist überzeugt, das Regierungsprogramm sei übererfüllt worden. Natürlich könne man heute fragen, ob der Koalitionspakt auch wirklich gut verhandelt worden sei.

Die ersten Züge im Regierungs-Schach. Die Vizekanzlerin: „Bei den Verhandlungen war ich in einigen Punkten dabei. Die Zeit drängte, wir mussten in einer Woche fertig sein und Jörg Haider drängte: ‚Macht's ka Theater, schaut's, dass fertig werds.' Auf diese Art der schwierigen Argumentation bei Verhandlungen sei die FPÖ nicht vorbereitet gewesen, dieser Umstand habe es den anderen halt doch leicht gemacht.

Im Blick zurück auf den Beginn der Regierungszeit 2000 gönnt sich die Vizekanzlerin doch einen Hauch von Schadenfreude. „Allen meinen Kritikern empfehle ich, schaut euch doch an, was nach meinem Ausscheiden im Jahr 2002 mit der ÖVP dann verhandelt wurde." Sie könne viele Beispiele nennen und da sei es auch es um klassische FPÖ-Themen gegangen – aber diese Kritik stehe ihr nicht mehr zu. „Die haben mich damals kritisiert und heute müssen sie es selber machen. Jetzt tragen andere die Verantwortung, die müssen das so machen, wie sie es für richtig halten... aber diese Mär, sie stimmt nicht einmal ansatzweise, dass wir uns gegen die ÖVP nicht durchgesetzt hätten. Abgesehen davon, dass Jörg Haider ab 2002 wieder im Koalitionsausschuss war. Alles, was mit der ÖVP beschlossen wurde, fand seine Zustimmung." Man habe die EU-Osterweiterung ohne die elf Bedingungen der FPÖ in Kauf genommen: Die Blauen im Kabinett Schüssel II fanden sich damit ab. „Heute will sich offenbar niemand mehr an die elf Bedingungen erinnern."

Jörg Haider hört die Signale

Susanne Riess-Passer nennt die Motive, warum Jörg Haider nach ihrem Ausscheiden nicht wirklich auf den Chefsessel der Blauen zurückkehren wollte. Das war nach dem 8. September 2002. „Wir haben am Sonntag den Rücktritt erklärt. Haider war verärgert, aber nicht wirklich erschüttert. Er sagte damals locker, ‚das ist ein kleiner Betriebsunfall. Den hama saniert, und jetzt geht's wieder weiter.' Danach gab es eine Landesleitung in Oberösterreich. Er ging in die Sitzung hinein und da gab es dann ein Pfeifkonzert. Da hat der Jörg realisiert, dass er zwar noch immer die Mehrheit in der Partei hat, das war unbestritten, aber eben nicht mehr die gewohnten fast hundert Prozent. Er begriff, wenn er wieder antreten wird, dann nicht mehr mit dem Ergebnis der früheren Zeiten. Das war der Punkt, an dem er wohl erkannt hat, dass er selbstverständlich wieder zum Parteiobmann gewählt wird, allerdings mit einem Ergebnis, das für ihn kein Ruhmesblatt sein würde, sagen wir etwa 70 Prozent, und das für jemand, der die Partei gemacht hat."

Susanne Riess-Passer glaubt heute, dass dieses Erlebnis Jörg Haider von einer Rückkehr zum Sessel des Parteiobmannes abgeschreckt hat. Der Landeshauptmann bastelte dann offenbar an einer Exit-Strategie. Es war letztlich das Szenario eines Dreigroschen-Romans. An einem Freitag Abend in Klagenfurt. Ein Unbekannter habe ihn gewarnt. Darauf zog sich der Landeshauptmann drei Tage zurück. Am Montag darauf diktierte er einem ORF-Journalisten die Bedrohungskiste ins Mikrofon. Dazu fällt der Ex-Vizekanzlerin nur ein mild-ironischer Kommentar ein. „Man soll so etwas natürlich nicht auf die leichte Schulter nehmen. Ich habe solche Situationen am eigenen Leib erfahren. Aber wenn ich an einem Freitag Abend bedroht werde, dann ruf ich doch gleich die Polizei an. Man verschließt das nicht zwei Tage in seinem Herzen und erzählt es dann in einem Interview. Wenn es eine Bedrohung gegeben hat, dann haben wir sofort das Innenministerium angerufen und es gab Ermittlungen. Das war die Frage, die ich gestellt habe, ... aber der ORF nicht."

Wie die Kronzeugin Knittelfeld erlebte

Der Topos Knittelfeld war nicht – entgegen den Mutmaßungen in den Medien – der Auslöser für den Rücktritt Susanne Riess-Passers. Sie erzählt ihre Version und was sich am Vorabend zugetragen hat. „Wir saßen damals in Obdach in der Steiermark und haben zu Abend gegessen. Es dauerte etwa sechs Stunden. Wir haben reflektiert, wir haben besprochen, was alles passiert ist und wie es weitergehen könnte. Hinter uns lagen schon eine lange Vorgeschichte und unzählige Vier-Augen-Gespräche und Vereinbarungen, die dann nicht eingehalten wurden. Aus diesen Erfahrungen heraus sagte ich zu Jörg Haider, wir müssen das, was wir heute Abend besprechen und vereinbaren, schriftlich festhalten. Das haben wir dann auch getan. Nur ich und Jörg Haider. Jedes Wort, das im Papier stand, war akkordiert."

Die Kronzeugin erzählt weiter: „Ich habe alles schreiben lassen und bin dann am nächsten Tag jedes Wort nochmals mit Jörg Haider durchgegangen. Wir haben sogar für Knittelfeld den Ablauf der Sitzung besprochen. Ich wollte das genau wissen. Jörg Haider sagte, ‚Strutz, Achatz, Kabas und Stadler werden reden' und ich sagte, ‚das ist keine gute Idee. Jörg, du musst als erster Redner auftreten und klarmachen – Freunde, wir haben eine Vereinbarung, die schaut aus wie folgt und das ist die Grundlage unserer weiteren Zusammenarbeit'. Jörg fand diesen Vorschlag auch gut. Ja, das sei auch viel gescheiter und man nehme schon einmal die Luft raus."

Am nächsten Tag, einem Samstag, war die Parteichefin in Knittelfeld nicht dabei. Sie war im Wahlkampf im Burgenland unterwegs. Sitzungsteilnehmer hielten sie auf dem Laufenden und erzählten ihr, was in Knittelfeld tatsächlich ablief. So erfuhr sie, dass die ersten Redner die so genannten Rebellen waren und nicht, wie vereinbart, Jörg Haider. „Da war mir klar, unsere Vereinbarung vom Vorabend ist hinfällig und sie wird auch nicht eingehalten. Schon das Procedere war anders als vereinbart."

Jörg Haider griff nicht ein. Er blieb zunächst einfach sitzen und schwieg. Die Dramaturgie spitzte sich noch auf komische Weise zu. Haiders Landesgeschäftsführer Kurt Scheuch betrat die Bühne, schwenkte die Resolution und zerriss sie unter Applaus. Das war ein schräges Missverständnis, erzählten im Nachhinein Delegierte aus Kärnten. Haider wollte das nicht, er sagte Scheuch, er soll den Inhalt „zerreißen" und nicht das Papier. Der Landesgeschäftsführer dürfte dies wohl zu wörtlich genommen haben. Lei, Lei ...

Jörg Haider blieb stumm. Er sagte nichts, stellte nicht klar, dass dies eine Resolution war, die er am Abend zuvor gemeinsam mit Susanne Riess-Passer erarbeitet hatte. Es war kein Diktat der Parteichefin, wie Scheuch theatralisch behauptete. Der Landeshauptmann schaute gelassen zu, wie auch sein Papier „zerrissen" wurde. Später fragte Susanne Riess-Passer ihren „politischen Partner", warum er in Knittelfeld dies alles so geschehen habe lassen und warum er nicht gesagt habe, dies sei auch ein Papier von ihm, das da zerrissen wurde. „Er hat mir relativ offen gesagt, die Stimmung war nicht danach. Ich sagte, Stimmungen könne er ja steuern, das hat er ja vielfach bewiesen, dass er das kann und er hat keinen Versuch unternommen, eine andere Richtung einzuschlagen. Aber die Knittelfelder Geschichte war nur ein weiterer Fall, dass etwas nicht eingehalten wurde, was wir vereinbart hatten."

Was dann unmittelbar nach Knittelfeld passiert ist? „Ich muss dieses Geschehen präzisieren. An jenem Tag war ich im Burgenland und bekam mit, dass es in Knittelfeld schlecht läuft. Ich erinnere mich, da rief mich ein ‚profil'-Journalist an und der informierte mich auch über die Ereignisse in Knittelfeld. Dann war Karl-Heinz Grasser am Telefon und danach wieder der Journalist, Thomas Hofer vom „profil". Der erzählte mir, es gebe ein neues Kompromiss-Papier, dem auch Herbert Scheibner zugestimmt habe, was ich denn dazu sage. Ich sagte, ‚nichts, ich muss mit den handelnden Personen reden'."

„Ich versuchte Scheibner zu erreichen, der hat nicht abgenommen, dann habe ich meinen Mitarbeiter angerufen, ‚gib mir Scheibner ans Telefon'. Ich fragte ihn, ‚du, was läuft da, das war nicht abgesprochen und du hast mich vorher nicht informiert'. Scheibner wollte spürbar nicht mir sprechen. Er sagte, ‚ich gebe dich an Jörg weiter'. Lange hörte ich nur ein Gemurmel im Hintergrund. Dann hat es geheißen, der Jörg kann jetzt nicht mit mir reden, er spricht gerade mit einem Delegierten."

Es zog sich dahin. „Ich sagte Scheibner, vor meiner Tür steht der ORF und erwartet von mir eine Stellungnahme über etwas, worüber ich nicht informiert wurde. Und niemand hat es für nötig befunden, das zu tun."

Die Parteichefin wartete dann ziemlich lang auf Scheibners Rückruf. „Dann habe ich Scheibner ein SMS geschickt, er hat ja das Telefon nicht abgehoben. Ich schrieb, dass ich nicht einverstanden bin mit diesem Kompromiss, weil es nicht der ist, den ich mit Haider vereinbart habe. No, das war's dann und ich habe auch nichts mehr gehört."

Susanne Riess-Passer fuhr aus dem Burgenland nach Wien zurück. Nicht in gehobener Stimmung. „Ich war gerade zu Hause, da rief mich Haider an. Er sagte, ‚was ist das für eine Aufregung?' Ich sagte: ‚Das ist das pure Gegenteil, was wir zwei uns ausgemacht haben. Und das ist für mich nicht akzeptabel.' ‚Ok', sagte Jörg, ‚ich bin der Meinung, dass dir der Grasser alles falsch geschildert hat.' ‚Nein', sagte ich, ‚Grasser war nicht meine einzige Informationsquelle in Knittelfeld. Sondern viele andere auch, Delegierte, die dort waren und sich zu Wort melden wollten und nicht drangekommen sind. Man hat wohl angenommen, dass sie eine andere Haltung haben. Doch die hat man nicht reden lassen, ja, das war es dann eigentlich', sagte ich zum Jörg."

Nach ihrem Rücktritt hieß es, die Susanne habe die Nerven weggeschmissen. Sie sei einfach vor der Verantwortung davongelaufen. Das waren Thesen aus den männlichen Weltbildern der Politik. Eine Quelle des Abwiegelns war Jörg Haider. Warum hat die Frau aufgegeben? Ich habe mich doch so bemüht … Susanne Riess-Passer wehrt sich gegen diese Verniedlichungen. „Jeder, der mich kennt, weiß, dass das nicht der Fall war. Natürlich bewegt einen das innerlich, aber ganz sicher war es keine Entscheidung nach dem Motto ‚mein Gott, die Susi war halt so erschöpft', es war einfach die Erkenntnis, wie gesagt, nach einer langen Vorgeschichte, dass wir in den vergangen Monaten un-

unterbrochen Vereinbarungen getroffen hatten, die nicht eingehalten wurden."

Die Schlüssel-Szene der Entfremdung

Freitag Nachmittag. Im Wiener „Wüstenrot"-Büro lässt die Geschäftigkeit nach. Die Angestellten gehen nach Hause. Die Generaldirektorin Susanne Riess-Passer, Vorstandsvorsitzende der Bausparkasse Wüstenrot AG, so steht es gedruckt auf ihrer neuen Visitenkarte, ruft im Gespräch noch eine Schlüssel-Szene aus ihrer „politischen Partnerschaft" mit Jörg Haider ab. Sie schildert den wirklichen Vertrauensbruch. Nichts von dem hat mit Knittelfeld zu tun. Schon davor seien kleine Dinge passiert. Man habe etwas ausgemacht, etwa in der Regierung, und wenn das in der Öffentlichkeit nicht gut angekommen sei, dann habe sich Jörg Haider mit Gegen-Reaktionen verabschiedet. „Da wollte er nie dabei sein. Der wirklich große Vertrauensbruch, das war seine Irak-Reise. Zu einem Zeitpunkt, wo ich in den USA war. Ich wusste von nichts (Februar 2002). Der ORF hat mich in Amerika angerufen und mich um einen Kommentar zu Haiders Reise in den Irak gebeten. Ich sagte damals dem ORF, ja, was soll ich sagen … er ist nicht in Bagdad, er ist in Kärnten'."

„Unabhängig von der Sache selber, so macht man das nicht, wenn man in einer Partei zusammenarbeitet und das schon 16 Jahre lang. Nicht Knittelfeld, sondern Jörg Haiders Reise nach Bagdad war der erste öffentliche und gezielte Vertrauensbruch. Das war pure Absicht. Damals ist die gemeinsame Basis zerbrochen. Jörg hat gewusst, dass ich in Amerika bin, wir haben immer miteinander geredet. Er hätte unzählige Möglichkeiten gehabt, mich zu informieren. In der selben Woche, ich war noch in Amerika, da hat Westenthaler die Irak-Reise zu Recht kritisiert. Deswegen entstand ein Riesenstreit in der Partei. Ich habe mehrmals versucht, beide Akteure, Jörg und Peter, dazu zu bewegen, die Diskussion einzustellen, zumindest in der Öffentlichkeit. Ich bin früher als geplant aus Amerika zurückgekommen. Wir haben eine Vorstandssitzung einberufen und da ist es ziemlich heftig zugegangen, da ging es nur am Rande um den ORF. Ich versuchte zu kalmieren, bei allen Seiten."

Damals konnte man in den Zeitungen lesen, es sei um den Kopf von Westenthaler gegangen. Die Susanne hätte ihn zum

„Abschuss“ freigegeben. „Überhaupt nicht, Peter Westenthaler und ich, wir hatten inhaltlich nie Differenzen. Die einzige, die ich jemals mit ihm hatte, das war die Irak-Geschichte, wie ich in Amerika war und wie er diese Debatte nach außen getragen hat. Wobei er nur einer von vielen Akteuren war in dieser Geschichte.“

Der Rücktritt

„Der Grund, warum ich wirklich zurückgetreten bin, das war auch keine persönliche Enttäuschung mit Haider. Sondern schlicht und einfach, weil ich als Parteivorsitzende keine Mehrheit mehr hatte. Weder im Klub noch in der Partei. Das Ergebnis von Knittelfeld hat gelautet: Die Unterschriften zum Sonderparteitag werden zwar zurückgezogen, aber treuhänderisch von Ewald Stadler verwaltet. Was nichts anderes geheißen hat, die Unterschriften wären da gewesen. Und an jedem Tag, an dem ich nicht gespurt hätte, hätte es geheißen, wir erinnern dich daran, wir haben 400 Unterschriften und wir können jederzeit einen Sonderparteitag einberufen. Das war schlicht eine Erpressung!“

Das Unterschriften-Syndrom. Dazu die Vorgeschichte, wie sie die damalige Parteichefin erlebt hat. „Das alles passierte hinter meinem Rücken. Alle, die ich fragte, haben mir ins Gesicht gelogen, auch Haider hat sogar öffentlich gesagt, er wolle gar keinen Sonderparteitag. Aber unterdessen wurden Faxe verschickt, Unterschriften gesammelt und dies auch aus dem Büro des Landeshauptmannes in Kärnten. Das war eine geplante, gezielte und abgestimmte Aktion. Ich habe damals alle Beteiligten darauf hingewiesen, dass ich diese Vorgangsweise nicht akzeptieren kann. Kein Parteichef kann so etwas hinnehmen. Das ist ein Misstrauensvotum … das sag ich jetzt nicht aus Wehleidigkeit – das ist einfach so.“

Es gebe zwar eine innerparteiliche Demokratie, aber die sei damals so definiert worden: „Wir lassen dir genau so viel Luft zum Atmen wie du brauchst, um den Tag zu überstehen. Aber wehe, du spurst irgendwie nicht, dann gibt es die 400 Unterschriften. Wie ein Damokles-Schwert – so kann kein Mensch arbeiten.“

Die Ex-Vizekanzlerin erinnert an Sitzungen, es waren die letzten ihrer politischen Anwesenheit bei den Blauen, die zwölf

Stunden dauerten und von denen sie sagt, man habe sich nicht auf mehr als zwei Sätze einigen können. Das sei die lange Vorgeschichte ihres Rücktritts. „Das war gewünscht und gewollt. Entweder mich so klein zu kriegen, dass ich sozusagen eine willige Marionette bin oder, wenn nicht, dann soll sie lieber gehen."

Ein Nachtrag. Warum eigentlich hat Jörg Haider über Nacht seine Partei als Chef verlassen? War es die Kritik aus dem Ausland, damals im Februar 2000? Wollte er mit diesem Schritt die politische Brisanz der schwarz-blauen Koalition entschärfen? Seine damalige Weg-Gefährtin wiederholt nochmals ihre Erklärung für diesen Schritt. Sie trifft wahrscheinlich den Kern von Jörg Haiders narzisstischer Persönlichkeit. „Das war kalkuliert. Er wusste, dass wir bei den Wahlen verlieren werden. Das hat er auch immer gesagt. Das kann man nachlesen."

Das war die Geschichte der Susanne Riess-Passer. Sie scheiterte an der „historischen Mission" der Blauen, als Regierungspartner und als politische Kraft im Land anerkannt zu werden. Erstaunlich: So routiniert Susanne Riess-Passer als Politikerin war, sie hat etwas übersehen und das sagen ihr nicht nur Wohlgesinnte – sie hat konsequent ignoriert, dass Dankbarkeit keine Kategorie in der „blauen Unternehmenskultur" war. Fairerweise muss man diese Feststellung auch auf die anderen Parteien ausdehnen.

Eine Nachlese

Die Generalsekretärin wirkt ziemlich genervt. Beim Abendessen in einem Wiener Traditionslokal kreist das Thema um die Standhaftigkeit der Regierungs-Blauen. „Warum sind wir immer die Umfaller?", fragt Magda Bleckmann die Gäste aus der Medienbranche am Tisch. „Wir setzen uns durch, trotzdem liest man dann, wir seien wieder umgefallen, wie kommt das, warum nur?" Die Generalsekretärin, das muss man ihr zugute halten, hat am Kurs der Beliebigkeit nicht aktiv teilgenommen. Nun aber müssen sie und ihre Mitarbeiter mit diesem politischen Erbe fertig werden. Das Thema dieses privaten Abends war der Tierschutz. Nicht unbedingt die Kernkompetenz der FPÖ. Aber sie hatte sich innenpolitisch in diese Materie verbissen und wieder Ressentiments bedient. Neben den armen Hühnern im Silo ging es um das rituelle Schächten mit oder ohne Betäubung. Ausgerechnet in dieses Randthema steckten die Blauen ihre politische Energie, um ihre „neue Standhaftigkeit" gegenüber der Volkspartei zu demonstrieren. So als ob Tiere und nicht Pensionisten zur Wahl gingen.

2004. Die Rest-Blauen lernen allmählich das Regieren. Das ist schon etwas. Funktionäre erinnern sich an die Anfänge im Jahr 2000. Eine Schlüssel-Szene aus der Zeit, als man sich über das Thema Pensionsreform hermachte. Wir müssen kürzen, hieß es in einer kleinen Runde. Wie ist das mit den Mindestpensionen, wie viele Euro beträgt sie eigentlich? Die Reformer blickten fragend zum damals noch blauen Finanzminister. Karl-Heinz Grasser konnte diese Frage nicht beantworten. Er soll gesagt haben, ehrlich, ich weiß nicht, wie viel die Mindestpension ausmacht. So erzählt es ein Mitwirkender, der noch Jahre danach baff erstaunt ist, mit welch dünnem Sachverstand man sich an komplexe Themen angenähert habe. Doch die Wähler dürften das bemerkt haben.

Die politische „ Normalität" in Wien ist natürlich nicht so unterhaltsam wie Jörg Haider in Kärnten. Im Ministerrat zu sitzen, das muss man gerechterweise hinzufügen, ist wenig vergnüglich, denn man muss für die Beschlüsse auch geradestehen. Aber der Schottenrock am Wörthersee, der schreckt das Publikum nicht ab und schon gar nicht die Journalisten.

Jörg Haider zog noch im Finale seines Wahlkampfes eine gelungene Bundesnummer ab. Er lobte den Rechnungshof-Präsidenten Fiedler ins politische Verderben. Alle Welt glaubte, Jörg Haider stünde hinter Fiedler. Doch die Bundespartei erkannte ausnahmsweise die Brisanz. Sie hätte sich nicht wirklich Gutes getan, vor dem Hintergrund dieser Pensionsreform einen Kandidaten zu unterstützen, dem in einem Wahlkampf rasch die persönlichen Pensions-Privilegien um die Ohren geflogen wären. Immerhin, es gab Versuche. Gerold Rumpold hielt im Generalsekretariat für den politischen „Ernstfall Fiedler" nach Wahlhelfern Ausschau. Dann lehnte die Parteispitze jegliche logistische Unterstützung für „Haiders Kandidaten" ab.

Die letzten Nachrichten aus dem Landesinneren. Jörg Haider fand nach der Wahl unterdessen rasch neue Verbündete. Die kamen verständlicherweise nicht aus den Reihen der weidwunden Volkspartei. Die Kärntner Sozialdemokraten dienten sich an und schon kursiert im Süden ein neuer Gruß. Es ist die Fusion zweier bekannter Begrüßungen: Heil auf der einen Seite, Freundschaft auf der anderen. Jetzt sagt man „Heilschaft" im kollegialen Umgang in der Landesregierung.

Niemand spricht zur Zeit von den Freiheitlichen. Schon gar nicht vom Salzburger Karl Schnell. Der campiert in einem politischen Loch. „Wir sind halt momentan in einer Sackgasse." Jörg Haider kümmert das nicht, es ist ja nicht „seine Partei". Wo leben derzeit die Blauen in Schüssels Kabinett? Sicherlich nicht in Haiders Welt. Wenn man die Website der FPÖ Kärnten besucht, flimmern politische Liebesgrüße aus Wien über den Schirm. Vizekanzler Hubert Gorbach behauptet tapfer: „Der Negativ-Trend ist gebrochen." Es habe sich gezeigt, dass man mit solider freiheitlicher Regierungsarbeit punkten könne. Zur politischen Eigensicherung fügt Gorbach hinzu: „Haiders Meisterstück." Der Parteiobmann Herbert Haupt analysiert: „Das Eingestehen von Fehlern bei der Pensionsreform sowie die rasche Korrektur durch die FPÖ waren ausschlaggebend für den Erfolg der Partei in Kärnten."

Volksanwalt Ewald Stadler meldet sich nochmals politisch zu Wort. Sein Befund fällt nicht schmeichelhaft aus. Es ist natürlich keine Überraschung, wenn er, der Jörg-Haider-Freund außer Dienst, den Zustand der FPÖ heute „Besorgnis erregend" findet: „Sie gibt sich schon mit dem Umstand zufrieden, dass sie sich nicht mehr bewegt und sich nicht wöchentlich lächerlich macht. Sie sitzen einfach nur in der Regierung, sie setzen keine wirklichen politischen Akzente und man glaubt, in der Regierung zu sein, das sei ein Selbstläufer ... eine gefährliche Fehleinschätzung. Sie reagiert nur, sie hat Angst vor der eigenen Courage. Ihr politisches Geschäft ist so konturenlos. Man ist einfach nur froh, dass man zum Establishment gehört und glaubt, dass man deswegen vom Wähler auch gewählt wird. Die Wahlen bringen die Realität zutage, die FPÖ ist gegenwärtig kaum in der Lage, die Partei bei 10 Prozent zu halten."

Die Show geht unterdessen weiter und eine bekannte Posse befindet sich wieder auf Polit-Tournee. Begleitet von einem Tross von Sterndeutern und politisch Besorgten. Aus dem journalistischen und politischen Hintergrundgemurmel kann man vertraute Fragen heraushören: Kommt er wieder, mischt er wieder in der Bundespolitik mit, was hat er vor, der Jörg Haider?

Neu ist nur das lokale Bühnenbild – mit den Farben Blau-Rot. Diese Mischung löste prompt „besorgte" Zurufe aus. Sie kamen von innen wie von außen. Die Sozialisten in Paris ließen ihren Wiener Parteifreunden ausrichten, man könne den österreichischen Partner nicht verstehen, die SPÖ habe nach dieser lokalen Übereinkunft „Erklärungsbedarf". Für die wahre Lachnummer zur Kärntner Inszenierung sorgte die ÖVP. Deren Generalsekretär Lopatka machte sich allen Ernstes Gedanken über die „Neupositionierung" der Sozialdemokraten. Sie bringe den Vorsitzenden nicht nur in einen „Erklärungsnotstand" und das Geschehen bleibe „auch international nicht unbemerkt". Wenn da jemand wirklich herzlich gelacht hat – dann kann es nur Wolfgang Schüssel gewesen sein.

Wenn schon keine Dritte Republik – vielleicht schafft es der „Unbesiegbare" aus Kärnten noch, Österreich in die Republik Knittelfeld umzugestalten.

Die politischen Hauptdarsteller dieses Buches

Peter Böhm: Klubobmann der Freiheitlichen im Bundesrat und Professor an der juridischen Fakultät in Wien.
Harald Ofner: Ehemaliger Justizminister und Obmann der niederösterreichischen FPÖ, Abgeordneter zum Nationalrat, Rechtsanwalt und heute im politischen Ruhestand.
Susanne Riess-Passer: Ehemalige Vizekanzlerin und Parteichefin, derzeit Generaldirektorin.
Herbert Scheibner: Ehemaliger Verteidigungsminister, danach Klubobmann der FPÖ-Fraktion im Nationalrat.
Gerulf Stix: Tiroler Veteran der Blauen und ehemaliger 3. Nationalratspräsident.
Ewald Stadler: Ehemals geschäftsführender Klubobmann der Blauen im Nationalrat und Landesrat in Niederösterreich, derzeit Volksanwalt.
Norbert Steger: Ehemals Vizekanzler und Parteichef, derzeit Rechtsanwalt.
Peter Westenthaler: Ex-Generalsekretär, Klubobmann der Blauen in der „Wende-Regierung", heute Manager in der Fußball-Bundesliga.

Weiter wirkten mit: Jörg Haider, Herbert Haupt, Kärntner Abgeordnete, deren Mitarbeiter und freiheitliche Funktionäre.

Anhang – Die Knittelfeld-Papers

Mag. Ewald Stadler
Volksanwalt

übernommen am
3.9.2002

VORLAGEBERICHT

1.· Einleitung

Der Verfasser dieses Berichtes wurde ersucht, die ihm vorgelegten Erklärungen über das Verlangen, einen außerordentlichen FPÖ-Bundesparteitag abzuhalten, hinsichtlich ihrer formalen und materiellen Satzungskonformität zu überprüfen und hierüber einen Bericht zu verfassen.

2. Rechtliche Grundlagen

Die beim BM f. Inneres im Sinne des Parteiengesetzes eingereichten „Satzungen der Freiheitlichen Partei Österreichs (FPÖ) – Bundesorganisationsstatut" regeln im § 10 Abs. 5 die Voraussetzungen für die obligatorische Einberufung eines außerordentlichen Bundesparteitages. Die Satzungen beinhalten keinerlei Aussagen über die verfahrensrechtlichen Formalvoraussetzungen eines Verlangens gemäß § 10 Abs. 5 der Satzungen, weshalb davon auszugehen ist, dass diesbezüglich subsidiär die allgemeinen öffentlich-rechtlichen Normen über die äußerliche Form von schriftlichen Anbringen gemäß § 13 AVG heranzuziehen sind.

3. Inhaltliche Erfordernisse

Gemäß § 10 Abs. 5 der Satzungen ist von jenen Delegierten, welche das Verlangen nach Durchführung eines außerordentlichen Bundesparteitages stellen, ein diesbezügl. Verlangen zum Ausdruck zu bringen und es sind die von diesem Parteitag zu behandelnden Verhandlungsgegenstände zu benennen. Die Nennung eines Verhandlungsgegenstandes genügt hierbei.

Abb. 1a *Ewald Stadlers Vorlagebericht für einen Sonderparteitag.*

4. Numerisches Erfordernis

Der § 10 Abs. 5 der Satzungen normiert als erforderliches Quorum für ein Verlangen nach der Durchführung eines außerordentlichen Bundesparteitages unter anderem die diesbezügliche Erklärung eines Drittels der Delegierten zum Bundesparteitag. Nach der beim letzten ordentlichen Bundesparteitag vom 9. Juni 2002 in den Delegiertenmappen beiliegenden CD-Rom wurde die Zahl der Delegierten aufgrund dort aufscheinenden Mitgliederstände mit 751 genannt.

In der APA-Aussendung vom 6. Juni 2002 wurde die Zahl der stimmberechtigten Delegierten zum Bundesparteitag von FPÖ Generalsekretär Mag. Schweitzer mit 780 Delegierten publiziert.

Demnach würde die Drittelzahl entweder 251 Delegierte oder 260 Delegierte betragen. Der Berichtsverfasser zieht beide Größenordnungen in Betracht.

5. Feststellungen

Dem Berichtsverfasser liegen insgesamt 378 Erklärungen über das Verlangen vor, einen außerordentlichen Bundesparteitag der FPÖ unter dem Motto „Steuerreform vor Abfangjäger" einzuberufen, die hinsichtlich der Textierung ihres Verlangens weitgehend identisch sind (siehe beiliegendes Textmuster).

370 Erklärungen beziehen sich hinsichtlich der beim verlangten außerordentlichen Bundesparteitag zu behandelnden Verhandlungsgegenstände auf alle 3 im beiliegenden Textmuster genannten Anliegen, d.h. 7 Verlangen beziehen sich auf das 1. und das 3. Anliegen und 1 Verlangen bezieht sich lediglich auf das 2. und das 3. Anliegen laut beiliegendem Textmuster.

Sämtliche Erklärungen geben jedoch zumindest einen Verhandlungsgegenstand an und bringen das Verlangen auf Einberufung eines außerordentlichen Bundesparteitages klar zum Ausdruck, weshalb bei allen vorgelegten Erklärungen das satzungsmäßige Inhaltserfordernis erfüllt ist.

In allen vorgelegten Erklärungen bezeichnen sich die Unterfertigten als „Delegierte zum FPÖ-Bundesparteitag". Der Berichtsverfasser geht daher davon aus, das sich alle Unterfertigten nicht nur hinsichtlich des Erklärungsinhaltes, sondern auch hinsichtlich ihres funktionellen Status als Delegierte bei Unterfertigung der Erklärungen bewusst waren und daher sämtliche Unterzeichner Bundesparteitags-Delegierte sind.

Abb. 1b

Nach Landesgruppen wurden aus Kärnten 95 Erklärungen, aus NÖ 81 Erklärungen, aus OÖ 73 Erklärungen, aus Sbg. 16 Erklärungen, aus Stmk. 28 Erklärungen, aus Tirol 16 Erklärungen, aus Vbg. 8 Erklärungen und aus Wien 61 Erklärungen vorgelegt. Bei den vorgelegten Unterlagen aus der Landesgruppe Kärnten wurden 2 Rücktrittserklärungen mit der Ordnungszahlen 26 und 50 vorgelegt, an deren Stelle nachrückende Ersatzdelegierte eine Verlangenserklärung abgegeben haben.

6. Zusammenfassung

Das Verlangen, einen außerordentlichen Bundesparteitag der FPÖ unter den Parteitagsmotto „Steuerreform vor Abfangjäger" einzuberufen, wurde von 378 Unterzeichnern unterstützt, weshalb das erforderliche Drittel-Quorum von 251 bzw. 260 Verlangenserklärungen deutlich erfüllt ist. Die formalen und inhaltlichen Erfordernisse sind ebenfalls erfüllt. Die satzungsmäßigen Voraussetzungen für die Einberufung eines außerordentlichen Bundesparteitages liegen daher vor.

Wien, 3. September 2002

Der Berichtsverfasser:

Mag. Ewald Stadler

unter Ausschluß der geprüften Erklärung

NS:

Bei Unterfertigung wurden aus Salzburg 2 weitere Verlangen nachgereicht, die auf einen Antrag aufscheinen (siehe Beilage 2) Die Zahl der Verlangen erhöht sich damit auf 380.

Abb. 1c

Beilage 1

NAME: ....

ADRESSE: ....

LANDESGRUPPE: ....

DATUM: ....

Nach dem tragischen Hochwasser-Schadensereignis vom August diesen Jahres hat die österreichische Bundesregierung ihre politischen Prioritäten neu gereiht. Die von der Bundesregierung beabsichtigte Verschiebung der bereits fixierten Steuerreform entspricht nicht der Beschlusslage des letzten FPÖ-Bundesparteitages.

Der/die unterzeichnete Delegierte zum FPÖ-Bundesparteitag stellt daher unter Hinweis auf § 10 Abs. 5 des Bundesorganisationsstatut (Satzungen der Freiheitlichen Partei Österreichs - FPÖ) das Verlangen, einen außerordentlichen Bundesparteitag der FPÖ unter Wahrung der satzungsmäßigen Fristen zu den nachfolgend genannten Verhandlungsgegenständen unter dem Parteitagsmotto „Steuerreform vor Abfangjäger" einzuberufen:

- Bekräftigung des Beschlusses des letzten ordentlichen Bundesparteitages vom 9. Juni 2002 über eine erste Etappe der Steuerreform bereits im Jahre 2003 (gemäß Leitantrag des Bundesparteivorstandes beschlossen);

- Neubeurteilung der Abfangjäger-Anschaffung unter dem Aspekt des Vorranges einer gerechten Steuerreform;

- Schaffung eines österreichischen Hilfsfonds aus den Mitteln der Reserven der Österreichischen Nationalbank für die Hochwasseropfer.

UNTERSCHRIFT:

Abb. 2 *Das Fax zur Unterschrift: Die Delegierten sollten auf diese politische Botschaft an die Parteispitze eingeschworen werden.*

RESOLUTION

der Teilnehmer der Veranstaltung in
Knittelfeld am 7. September 2002

der FP-LG

Die Unterzeichner anerkennen, daß es seit Beginn der Regierungstätigkeit am 4. Feber 2000 der Freiheitlichen Regierungsmannschaft unter der Leitung der Vizekanzlerin Dr. Susanne Riess-Passer und unter maßgeblicher Unterstützung des freiheitlichen Landeshauptmannes Dr. Jörg Haider sowie des freiheitlichen Parlamentsklubs, der freiheitlichen Funktionäre und der Mitarbeiter bereits gelungen ist, jahrelang geforderte wesentliche freiheitliche Vorhaben umzusetzen, wie z.B. stabilitätsorientierte Finanzpolitik, Einführung des Kinderbetreuungsgeldes, Ermöglichung der Abfertigung für alle, Verwaltungsreform, Gleichstellung von Arbeitern und Angestellten, Behindertenmilliarde, Einführung der Familienhospizkarenz, Schaffung des Integrationsvertrages, Abbau von Gewerkschaftsprivilegien im öffentlichen Bereich und vieles andere mehr.

Die Unterzeichner erachten eine freiheitliche Regierungsbeteiligung für die Zukunft unseres Landes und seiner Menschen für erforderlich, um aus Österreich einen sozial gerechten, schlanken, modernen, zukunftsorientierten und wirtschaftlich leistungsfähigen Staat zu formen. Ziel dieser Politik muß Gerechtigkeit für die Menschen dieses Landes sein. Daher sind alle Anstrengungen zu unternehmen, den Menschen als solchen zum tatsächlich Begünstigten des österreichischen Sozialsystems zu machen und an der Umgestaltung des bisherigen ungerechten und ineffizienten sozialistischen Systems, bei dem die Institutionen und nicht die Menschen im Mittelpunkt gestanden sind, weiter zu arbeiten.

Den Unterzeichnern ist bewußt, daß die erfolgreiche Arbeit der freiheitlichen Funktionäre und insbesondere jene der Regierungsmitglieder durch die in der Öffentlichkeit ausgetragenen Meinungsverschiedenheiten verschiedener freiheitlicher Funktionäre maßgeblich gefährdet wurde.

Die Unterzeichner erachten eine reibungslose Zusammenarbeit der freiheitlichen Regierungsmitglieder und von Landeshauptmann Dr. Jörg Haider sowie des freiheitlichen Parlamentsklubs und aller freiheitlichen Mandatare und Funktionäre in Zukunft für unabdingbar, denn nur dadurch kann eine freiheitliche Reformpolitik auf allen Ebenen gewährleistet werden.

Die Unterzeichner vertreten die Auffassung, daß alle offenen Fragen in Zukunft ausschließlich in den dafür vorgesehenen Gremien offen und ohne Einschränkung diskutiert und abgestimmt werden müssen, um dadurch der Partei ein geschlossenes Erscheinungsbild nach außen sichern zu können.

Abb. 3 a *Die „gemeinsame Resolution". Susanne Riess-Passer und Jörg Haider verfassten am Vorabend von Knittelfeld dieses Papier. Der Co-Autor Haider sah in Knittelfeld schweigsam zu, wie dieses Partei-Dokument „zerrissen" wurde.*

Die Unterzeichner sind sich bewußt, daß ein erfolgreiches Agieren voraussetzt, daß die Reformpolitik auch von den Funktionären auf allen Ebenen mitbestimmt, mitgetragen und nach außen vertreten werden muss. Dies erfordert auch, daß von allen Funktionären keinerlei Maßnahmen getroffen werden, durch die die Arbeit der Gesamtpartei als solches behindert oder gefährdet wird.

Die Unterzeichner bekennen sich nachdrücklich zum Inhalt des Regierungsprogrammes und erklären sich bereit an der Umsetzung der noch offenen Punkte mitzuwirken.

Die Unterzeichner unterstützen die Umsetzung der im Regierungsprogramm noch enthaltenen offenen Punkte wie insbesondere das Demokratiepaket, Reform und Zusammenlegung von Sozialversicherungen, eigenständige Pensionsvorsorge für Frauen, gleicher Zugang zu allen medizinischen Versorgungsleistungen für alle, Sicherung der Qualität im Gesundheitswesen, Kosteneinsparungen in den Krankenversicherungen, Maßnahmen zur Bekämpfung der Jugendarbeitslosigkeit, Vereinheitlichung der Qualitätsstandards in der Sozialhilfe, Bemühungen zur nachhaltigen Sicherung der Pensionen und zur Altersvorsorge, wobei die bestehenden Pensionsansprüche verfassungsrechtlich abzusichern sind, Pensionsanpassungen sich am Ziel der Wertsicherung zu orientieren haben und Einmalzahlungen sowie Fix- und Sockelbeträge an sozial Schwächere vorzusehen sind, sowie Harmonisierung der Pensionssysteme.

Die Unterzeichner unterstützen weiters eine Verschärfung des Asylgesetzes, eine Verkürzung der Asylverfahren, die Schaffung von europäischen Grundlagen zur Vermeidung des Asylmißbrauchs, eine klare Bejahung der Genfer Flüchtlingskonvention in der geltenden Form, die ~~Unterstützung der~~ Bestrebungen der EU zur Erlangung der Bereiterklärung von Staaten eigene Staatsbürger zurückzunehmen u. ~~[illegible]~~ solange kein unkontrollierter Ausweitg. d. Familiennachzugs u. Zuwanderung. } Familiennachzug

Die Unterzeichner unterstützen die im Regierungsprogramm festgehaltene EU-Erweiterung, sofern die darin enthaltenen Bedingungen spätestens bis zur Ratifizierung des Beitrittsvertrages erfüllt sind. → FP-[illegible] (Reg.E)

Die Unterzeichner fordern die Weiterführung der Reformen des österreichischen Bundesheeres zur Erfüllung der in der Sicherheits- und Verteidigungsdoktrin verankerten Aufgaben zur Aufrechterhaltung der Sicherheit und Souveränität Österreichs ein.

Die Unterzeichner bekennen sich ausdrücklich dazu, daß im Interesse der kommenden Generationen am Ziel der Budgetkonsolidierung festgehalten wird.

Die Unterzeichner nehmen zur Kenntnis, daß durch die Katastrophe vom 11. September 2001 und dem weltweiten Konjunktureinbruch, der insbesondere auch die USA und die Staaten der Europäischen Union betroffen hat, und in Folge der

Abb. 3b

dadurch bewirkten äußerst negativen Auswirkungen auf das Wirtschaftswachstum, die Kapitalmärkte und den Arbeitsmarkt und zusätzlich durch die jüngste Hochwasserkatastrophe das Budget äußerst belastet wurde.

Die Unterzeichner halten im Sinne des Bundesparteitagsbeschlusses vom 9. Juni 2002 am vereinbarten Ziel die Steuer und Abgabenquote bis 2010 auf 40% zu senken fest und werden alle Anstrengungen dafür unternehmen.

Die Unterzeichner halten es auch für notwendig, im Interesse der Stärkung des Wirtschaftsstandortes, der Sicherung der Arbeitsplätze und der Stärkung der Kaufkraft der kleinen und mittleren Einkommensbezieher Entlastungsmaßnahme zu setzen. Dies ist unter anderem dadurch gewährleistet, daß bis zum Jahr 2006 keinerlei budgetwirksame Zahlungen für die Anschaffung von Luftraumüberwachungsflugzeugen anfallen. Diese Maßnahmen sollen von einer Arbeitsgruppe, welche von beiden Regierungsfraktionen beschickt wird, innerhalb von 4 Monaten hinsichtlich Art und Ausmaß sowie ihrer zeitlichen Umsetzung zwischen 2003 und 2010 erarbeitet und präsentiert werden, wobei die freiheitlichen Mitglieder dieser Arbeitsgruppe vom Bundesparteivorstand namhaft gemacht werden sollen.

Die Unterzeichner wollen gemeinsam mit der freiheitlichen Regierungsmannschaft unter der Leitung der Frau Vizekanzlerin Dr. Susanne Riess-Passer, dem freiheitlichen Landeshauptmann Dr. Jörg Haider, dem freiheitlichen Parlamentsklub und allen freiheitlichen Funktionären, im Interesse des Erfolges der freiheitlichen Gesinnungsgemeinschaft, die Probleme bewältigen und die Reformen umsetzen und erklären sich mit der nachstehenden Unterschrift bereit, ihre Unterschrift zur Einberufung eines außerordentlichen Bundesparteitages zurückzuziehen.

Knittelfeld, am 7. September 2002

Abb. 3 c

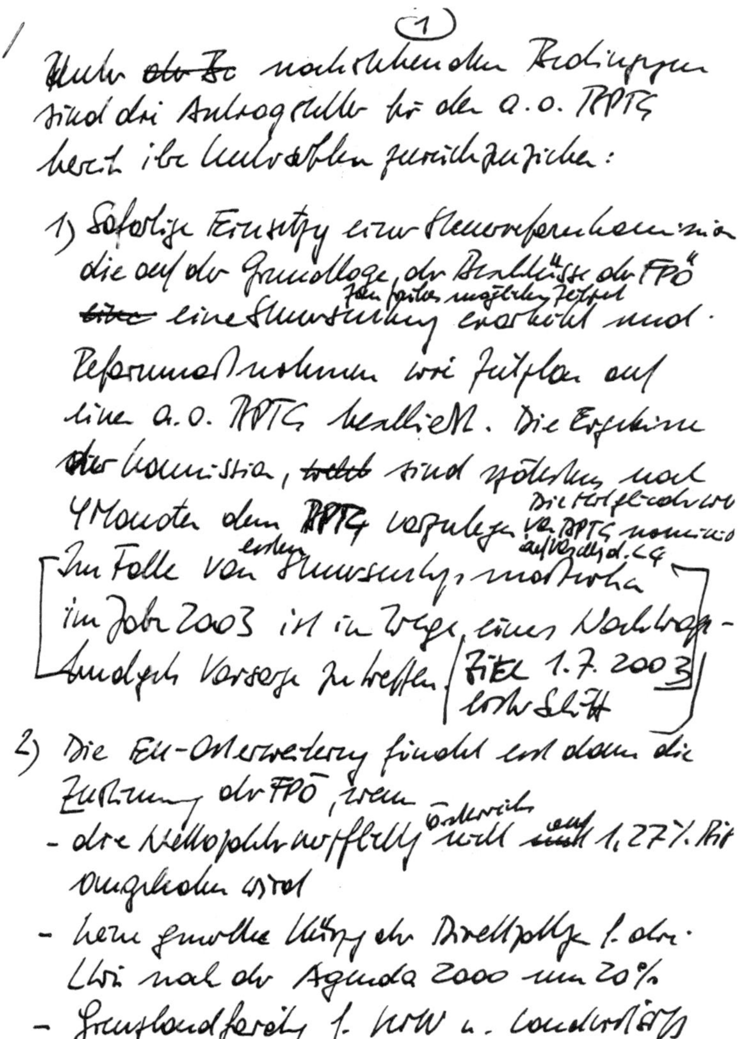
(1)

Unter ~~den Be~~ nachstehenden Bedingungen sind die Antragsteller für den a.o. BPTG bereit ihre Unterschriften zurückzuziehen:

1) Sofortige Einsetzung einer Steuerreformkommission die auf der Grundlage der Beschlüsse der FPÖ ~~[illegible]~~ eine Steuersenkung zum frühest möglichen Zeitpunkt erarbeitet und Reformmaßnahmen wie Zeitplan auf einer a.o. BPTG beschließt. Die Ergebnisse der Kommission, ~~[illegible]~~ sind spätestens nach 4 Monaten dem BPTG vorzulegen. [illegible] BPTG [illegible]

Im Falle von ersten Steuersenkungsmaßnahmen im Jahr 2003 ist im Wege eines Nachtragsbudgets Vorsorge zu treffen. Ziel 1.7.2003 erster Schritt

2) Die EU-Osterweiterung findet erst dann die Zustimmung der FPÖ, wenn
- die Nettozahlerauffassung Österreichs nicht ~~auch~~ auf 1,27% Bip ausgeglichen wird
- keine generelle Kürzung der Direktzahlungen f. die Bauern nach der Agenda 2000 um 20%
- Grenzlandförderung f. KMU u. Landwirtschaft

Abb. 4a *Das „Kompromiss-Papier" von Knittelfeld trägt Jörg Haiders persönliche Handschrift.*